Inclusão em Educação:
Culturas, Políticas e Práticas

EDITORA AFILIADA

Coordenador Editorial de Educação:
Valdemar Sguissardi

Conselho Editorial de Educação:
José Cerchi Fusari
Marcos Antonio Lorieri
Marcos Cezar de Freitas
Marli André
Pedro Goergen
Terezinha Azerêdo Rios
Vitor Henrique Paro

Dados Internacionais de Catalogação na Publicação (CIP)
(Câmara Brasileira do Livro, SP, Brasil)

Inclusão em educação : culturas, políticas e práticas /
Mônica Pereira dos Santos, Marcos Moreira Paulino
(orgs.) . — São Paulo : Cortez, 2008.

Vários autores.
ISBN 978-85-249-1232-0

1. Educação - Brasil 2. Educação - Finalidades e objetivos
3. Educação especial 4. Educação inclusiva 5. Integração
escolar 6. Pedagogia I. Santos, Mônica Pereira dos. II.
Paulino, Marcos Moreira.

06-6566 · CDD-379.260981

Índices para catálogo sistemático:

1. Brasil : Inclusão escolar : Políticas públicas :
Educação   379.260981

Mônica Pereira dos Santos • Marcos Moreira Paulino (Orgs.)

Ana Patrícia da Silva • Anakeila de Barros Stauffer •
Bianca Fátima Cordeiro dos Santos Fogli • Cristina Nacif Alves
• Dayse Serra • Júlio Maia F. dos Santos • Kátia Regina Xavier da Silva •
Lucindo Ferreira da Silva Filho • Marcos Moreira Paulino
• Margareth Maria Neves dos Santos de Oliveira • Mônica Pereira dos Santos •
Simone da Silva Salgado • Vera Lúcia Alves dos S. Corrêa

Inclusão em Educação:
Culturas, Políticas e Práticas

2ª edição
5ª reimpressão

INCLUSÃO EM EDUCAÇÃO: culturas, políticas e práticas
Santos • Paulino

Capa: Estúdio Graal
Preparação de originais: Jaci Dantas
Revisão: Maria de Lourdes de Almeida
Composição: Linea Editora Ltda.
Coordenação editorial: Danilo A. Q. Morales

Nenhuma parte desta obra pode ser reproduzida ou duplicada sem autorização expressa dos autores e do editor.

© 2006 by Autores

Direitos para esta edição
CORTEZ EDITORA
Rua Monte Alegre, 1074 — Perdizes
05014-001 — São Paulo-SP
Tel.: (11) 3864-0111   Fax: (11) 3864-4290
E-mail: cortez@cortezeditora.com.br
www.cortezeditora.com.br

Impresso no Brasil — agosto de 2023

Sumário

Prefácio 7
   Mônica Pereira dos Santos

Inclusão em Educação: Uma visão geral 11
   Mônica Pereira dos Santos e Marcos Moreira Paulino

Dimensões e diálogos de exclusão: Um caminho para inclusão 17
   Júlio Maia F. dos Santos

Inclusão e ambiente escolar 31
   Dayse Serra

Expressão da criatividade na prática pedagógica e a luta pela
inclusão em Educação: tecendo relações 45
   Kátia Regina Xavier da Silva

Inclusão e processos de formação 59
   Simone da Silva Salgado

O professor de Educação Física como agente do
processo inclusivo 69
   Ana Patrícia da Silva

O Coodenador Pedagógico como Agente para a Inclusão 83
   Cristina Nacif Alves

Inclusão na Educação: Uma reflexão crítica da prática 107
   *Bianca Fátima Cordeiro dos Santos Fogli; Lucindo Ferreira da Silva Filho
   e Margareth Maria Neves dos Santos de Oliveira*

Educação inclusiva: repensando políticas, culturas e práticas na
Escola Pública 123
   Vera Lúcia Alves dos S. Corrêa e Anakeila de Barros Stauffer

Comunicar para viver ou viver para comunicar? Direito mais que
natural de qualquer cidadão 143
   *Margareth Maria Neves dos Santos de Oliveira; Bianca Fátima
   Cordeiro dos Santos Fogli e Lucindo Ferreira da Silva Filho*

Posfácio 167
   Rosita Edler Carvalho

Prefácio

Este livro é fruto dos trabalhos realizados durante a disciplina Prática de Pesquisa em Inclusão em Educação, ministrada por mim durante 2004 no Programa de Pós-Graduação em Educação da Faculdade de Educação da Universidade Federal do Rio de Janeiro, em conjunto com integrantes do Lapeade — Laboratório de Pesquisa, Estudos e Apoio à Participação e à Diversidade em Educação, fundado em setembro de 2003 por mim, em parceria com mais nove membros.

Tal como sugere o nome da disciplina, um de seus objetivos foi o de engajar os participantes em práticas de pesquisa relativas à promoção de inclusão em educação. Para tanto, propusemos que a turma realizasse, além da leitura habitual de textos sobre a produção de conhecimento científico e inclusão em educação, a análise dos dados preliminares da pesquisa "Ressignificando a Formação de Professores para uma Educação Inclusiva", atualmente em andamento e sob a responsabilidade do Lapeade, da qual sou coordenadora.

Em que pese tratar-se de uma turma de pós-graduação, da qual se espera todo um comportamento tipicamente "acadêmico", nossa experiência com a "quebra de protocolos" foi uma agradável surpresa e de grande valia para a rica produção emitida por este grupo. Na verdade, acabamos nos constituindo num grupo que viu no estudo e na interpretação da inclusão em educação um empolgante desafio em suas vidas profissionais. Através dos textos, víamo-nos enriquecidos pelas discussões que eles suscitavam e desafiados a testar nossas conclusões na prática, tanto em nossa vida de trabalho quanto em nosso dia-a-dia pessoal.

Como resultado, e no intuito de juntos construirmos nosso próprio processo educacional de pós-graduação, decidimos compartilhar estas experiências por meio da produção de artigos reunidos no presente livro sob a forma de capítulos, que contassem nossa trajetória neste processo instigante de reflexão e desafios mútuos.

Assim, este livro não tem a pretensão de ensinar a ninguém como fazer a inclusão, inclusão é processo, e processo não se ensina, vive-se. Temos, entretanto, o desejo de inspirar aqueles que o lerão a se sentir vivos, igualmente recompensados pela prática de tornar um problema um desafio cotidiano a ser criativamente abordado e superado. Porque, cremos, se há algum segredo sobre inclusão, este é ele: desenvolvermos a capacidade de ressignificar as coisas que tradicionalmente vemos como problemas (no sentido negativo do termo) em fontes de inspiração para a superação e aprimoramento de nossas próprias (in)capacidades como educadores.

Os estilos de escrita de cada autor foram preservados, em vez de optarmos por padronizações. Assim, cremos que o diálogo entre autores e leitores ficará facilitado, e a leitura, mais enriquecida. Organizamos o presente livro em alguns capítulos, obedecendo a certa lógica por assuntos. Nos capítulos iniciais, provemos o leitor com uma abordagem mais teórica sobre como tratamos a inclusão. Nos capítulos seguintes, em linguagens variantes entre a quase poética e a acadêmica, discorremos sobre nossas experiências e visões "inclusivas" de mundo.

No primeiro capítulo procuramos, introdutoriamente, apresentar o "cenário", o contexto teórico a partir do qual este livro foi construído.

No segundo capítulo destacamos o desafio do educador com orientação inclusiva frente à "globalização" e sua luta contra práticas homogeneizantes e positivistas, guiadas pela lógica do capital.

O terceiro capítulo se refere de forma mais específica à inclusão de portadores de necessidades especiais em classes regulares e suas relações com a família, políticas públicas e capacitação de professores.

O quarto capítulo nos traz uma importante contribuição acerca da importância do desenvolvimento e expressão da criatividade para uma prática pedagógica inclusiva.

No quinto capítulo a autora apresenta uma agradável ilustração do processo de construção de culturas, políticas e práticas de inclusão por meio de uma história infantil — "O equilibrista".

No sexto capítulo apresentamos um ensaio sobre o trabalho do professor de Educação Física norteado por visões inclusivas.

O sétimo apresenta valiosa experiência sobre um trabalho de formação de coordenadores pedagógicos e sua importância para a Educação Inclusiva.

No oitavo capítulo os autores refletem sobre a prática da inclusão, citando a inclusão na educação profissional.

No nono capítulo, as autoras nos oferecem um rico relato de experiência com a educação de deficientes mentais dentro de uma perspectiva crítica, política e inclusiva em sua essência.

Por fim, o último capítulo apresenta mais uma rica experiência com comunicação alternativa a partir de uma reflexão sobre diversas deficiências e as garantias legais existentes em nosso país para com o trato das mesmas.

Espero que o leitor tome este livro como uma iniciativa de compartilhamento de experiências, idéias e teorias sobre inclusão, e sinta-se à vontade para testá-las, modificá-las, criticá-las e, quem sabe, usá-las como ponto de partida para suas próprias reflexões sobre inclusão em sua vida. De nossa parte, estamos abertos — e mesmo desejantes — de uma aproximação com o leitor, para o que, desde já, nos colocamos à disposição para contatos pelo e-mail monicapes@globo.com.

Com carinho,

Mônica Pereira dos Santos

Inclusão em Educação: Uma visão geral

Este capítulo tem como objetivo apresentar ao leitor uma idéia geral sobre a Educação Inclusiva que defendemos, a fim de proporcionar um breve panorama sobre as suas interseções com outras áreas de estudo.

Acreditamos que está na educação, sem dúvida, a principal ferramenta para a transformação social verdadeira que tanto almejamos. Nos dias de hoje as desigualdades sociais e o desrespeito às diferenças são banalizados em nosso cotidiano, e a escola, sem dúvida, reflete e reproduz estas relações. Desta forma, nossa sociedade e, por conseguinte, nossa escola, está envolvida por uma lógica que determina a exclusão de alguns grupos para o beneficiamento de outros, em detrimento dos valores igualitários expressos em diversas declarações mundiais como a Declaração Universal dos Direitos Humanos, por exemplo.

---

* Coordenadora do curso de Pedagogia da Faculdade de Educação da Universidade Federal do Rio de Janeiro, pesquisadora em Inclusão em Educação, professora-adjunta dos Programas de Graduação e Pós-graduação em Educação da FE-UFRJ, fundadora e membro do Lapeade — Laboratório de Pesquisa, estudos e apoio à participação e à diversidade em educação, co-coordenadora da linha de pesquisa sobre multiculturalismo e inclusão em educação.

** Licenciado em Biologia, fundador e membro do Lapeade — Laboratório de Pesquisa, estudos e apoio à participação e à diversidade em educação, pesquisador em inclusão em educação.

Neste sentido, a educação inclusiva tem importância fundamental, pois busca, por princípio básico, a minimização de todo e qualquer tipo de exclusão em arenas educacionais e, com isso, elevar ao máximo o nível de participação, coletiva e individual, de seus integrantes. Baseadas nestes ideais democráticos, as propostas inclusivas são revolucionárias, pois almejam, *incondicionalmente*, uma estrutura social menos hierarquizada e excludente, tendo como base o argumento de que todos temos o mesmo valor, pelo simples fato de sermos humanos. E que, por isso mesmo, todos precisamos ser considerados e respeitados em nossa maneira subjetiva e única de existir.

Porém uma sociedade sem exclusões é, para nós, apenas um vislumbre. Inclusão e exclusão são conceitos intrinsecamente ligados, e um não pode existir sem o outro porque inclusão é, em última instância, a luta contra exclusões. Analisando desta forma podemos então afirmar que sempre existirá a luta por uma educação inclusiva. Se exclusões sempre existirão, a inclusão nunca poderá ser encarada como um fim em si mesmo. Inclusão sempre é um processo.

Nosso foco para esta análise inclusão-exclusão se baseia em três dimensões: as culturas, as políticas e as práticas (Booth, 2000), conforme veremos ao longo de vários capítulos deste livro.

Antes, porém, de passarmos aos capítulos propriamente ditos, gostaríamos de esclarecer alguns fundamentos relativos à inclusão como a defendemos no tocante a alguns assuntos bem cotidianos às instituições educacionais de todos os níveis (como o currículo e a avaliação), à luz de ideais de igualdade e participação.

Currículo, avaliação e hierarquia

Igualdade, um dos fundamentos da Educação Inclusiva, não é, de forma alguma, *tornar igual*. Incluir não é *nivelar* nem uniformizar o discurso e a prática, mas exatamente o contrário: as diferenças, em vez de inibidas, são valorizadas. Portanto o "aluno-padrão" não existe: cada integrante deste cenário deve ser valorizado como é, e todo o processo de ensino-aprendizagem deve levar em conta estas diferenças. Para que isso ocorra, dois "tabus" da escola precisam ser revistos: o currículo e a avaliação.

Sabemos que práticas educacionais revelam relações de poder bem institucionalizadas. De acordo com Foucault (1998), todo ponto de exercício de poder é, ao mesmo tempo, um lugar de formação de saber. Desta forma, tomaremos como ponto de partida para discutir a efetivação da inclusão e de todas as mudanças curriculares que ela exige o questionamento de algumas relações de poder, sutis ou explícitas, que são freqüentemente postas em prática nos variados ambientes educacionais.

Ainda nos parece bem marcante na prática educacional a idéia de currículo relacionada a *conteúdo*. Obviamente o conteúdo é parte do currículo que defendemos, mas, de acordo com nosso referencial de inclusão, acreditamos que esta idéia deve ser radicalmente revista. Toda esta quantidade de saberes exigidos dos alunos muitas vezes não tem finalidade alguma na construção das suas identidades, por simplesmente não conter respostas para suas questões cotidianas. A *estória* que a escola conta muitas vezes não corresponde à *história* pessoal de sua comunidade, mostrando que alunos, e até professores, são privados de participar mais ativamente no processo de ensino-aprendizagem. E participação é a alma, por assim dizer, de toda proposta de inclusão (Santos, 2003). É como se tais sujeitos fossem vetados de seu poder de decisão sobre o que seja importante ser aprendido ou ensinado. Esta relação impositora de quantidade de conteúdos em tempo preestabelecido não nos parece nada democrática e este tipo de gestão, que reprime as demandas do alunado em benefício de prazos (bimestres, trimestres, semestres...) ou de provas (como o vestibular e outros concursos) não nos parece coerente com a educação que inclui sujeitos nos processos decisórios e cotidianos através da participação, conforme defendemos.

Este currículo reprime por acabar funcionando muitas vezes como uma *grade curricular* no sentido literal da expressão. Representa e impõe valores de uma cultura hegemônica, que pouco se assemelha à cultura popular e seus anseios. Todas as disciplinas parecem, aos poucos, tentar homogeneizar os alunos em torno do que seja o aluno-"padrão", identificado por meio de sua nota e de seu bom comportamento. Para nós, a educação em sua expressão curricular deveria buscar exatamente o contrário. Levar em conta as diferenças pode fazer com que elas se transformem em recursos, possibilitando que esta metodologia massificante acabe substituída por uma gama de metodologias e este critério de avaliação fechado por diversos critérios, mais flexíveis, ambos determinados pelos próprios protagonistas. Reiteramos que esta flexibilização não significa nivelar por baixo. Não significa nivelar de forma alguma. Também não significa queda de qualidade, muito pelo contrário.

Ao assumir este tipo de postura quanto ao currículo, tornamo-nos aptos a evitar julgamentos discriminatórios sobre quem é *capaz, ou não*, baseados na comparação, seja com um modelo de aluno-"padrão" (que não existe) ou entre os próprios alunos. Isto, por sua vez, pode se refletir em um processo avaliativo não-hierarquizado. Uma avaliação não-hierarquizada e participativa avalia o *processo* de ensino aprendizagem, que além do aluno focaliza o próprio professor, a instituição, o material didático... Quando muito, compara o aluno a si mesmo, em sua própria trajetória educacional: no início e ao longo do processo educativo.

A Educação Inclusiva traz uma contribuição para uma educação diferente, transformadora, que vai além da visão neoliberal de *capacitação*. Por meio do convívio com a diversidade e utilizando-se de toda a sua riqueza, espera-se ajudar na formação de indivíduos mais críticos para *decidir*, e não para *servir* (Giroux, 1997). A igualdade então deixa de ser sinônimo de homogeneização (Santos, 2003), sendo ressignificada, indo além da garantia ao acesso e abrindo caminhos para que os indivíduos *realmente* possam fazer suas próprias escolhas, decidir seus próprios rumos.

Esta ressignificação da avaliação e do currículo será impossibilitada, como já observado, se a escola continuar impedindo a participação de alguns. O poder de decisão, por exemplo, deve pertencer a todos. Portanto, alunos, professores, família, coordenadores pedagógicos, comunidade, diretores, técnicos administrativos, todos deverão contribuir (se assim desejarem) nos processos decisórios na escola, prática pouco freqüente. Se esta relação hierárquica (onde um decide e os outros obedecem) não começar a ser desconstruída no ambiente escolar não conseguiremos viver em uma *democracia plena*, pois o participar precisa ser um hábito. Não adianta, por exemplo, falarmos de participação nas épocas eleitorais se na nossa escola nunca soubemos o quanto nosso papel é importante, porque as decisões sempre foram tomadas *para* nós (mas nem sempre *por* nós...).

Esperamos, com estas palavras, ter introduzido o leitor na perspectiva que aqui abordamos e defendemos, de modo que a leitura dos próximos capítulos fique contextualizada.

Bibliografia

BOOTH, T. et alii. *Index for Inclusion — developing learning and participation in schools*. Bristol: CSIE, 2000.

FOUCAULT, Michel. *Microfísica do poder*. Rio de Janeiro: Graal, 1998.

GIROUX, Henry A. *Os professores como intelectuais*: Rumo a uma pedagogia crítica da aprendizagem. Porto Alegre: Artes Médicas, 1997.

SANTOS, Mônica Pereira dos. O papel do ensino superior na proposta de uma educação inclusiva. *Revista da Faculdade de Educação da UFF*, n. 7, maio 2003.

Dimensões e diálogos de exclusão: um caminho para inclusão

*Júlio Maia F. dos Santos**

Ao longo do tempo o fator exclusão esteve presente no desenvolvimento de toda civilização. Tal fator servia para assegurar a identidade cultural de uma sociedade. Se suas características eram de povos fortes, os ditos "fracos" e/ou inaptos seriam banidos, expulsos ou eliminados da classe, clã e do contexto de personalidade do povo. Atualmente vivenciamos uma época de transformações cada dia mais fortes, que geram na sociedade sentimentos, sensações e desejos bastante contraditórios e dialéticos (insegurança e medo; apatia e conformismo; energias e criatividade para a construção de um mundo diferente, mais humano e solidário) devido à perspectiva do "sonho" de uma sociedade democrática e igualitária. O processo de exclusão anela-se ao da inclusão pelo caráter de dimensões (desigualdade, inadaptação, injustiça social e exploração social) e a não-necessidade de precisão de conceitos entre um e outro, pois tais

---

* Bacharel em Educação Física — UFRJ, pós-graduado em Educação Inclusiva — Ucam, membro do Grupo de Pesquisa "Lazer e Minorias Sociais" — EEFD/UFRJ, professor titular de Educação Física Adaptada/Departamento de Educação Física/Campus 1 — Uniabeu/RJ, professor substituto da disciplina Pedagogia da Inclusão/Faculdade de Normal Superior/Departamento de História e Normal Superior/Campus 1 — Uniabeu/RJ, coordenador-professor do Grupo de Estudos do Imaginário Esporte e Lazer — GEIEL/Uniabeu.

fatores apresentados nos remetem a identificar um e propor o outro. Seus reflexos perante a sociedade nos remetem à visualização de um grande movimento social.

O movimento social de inclusão não está ligado a um processo que se finda nos meios da mobilidade social, ou seja, a "ascensão" de uma classe social mais "baixa" para outra mais "elevada" ou de uma classe especial para outra regular. As ações que perpassam as políticas de inclusão não idealizam um produto-fim, mas as idealizam no agir do "aqui e agora", considerando o processo histórico e dialético dos tempos, sendo assim um processo contínuo das características de culturas, políticas e práticas de inclusão (Booth e Ainscow, apud Santos, 1999).

Neste momento iremos dialogar dentro das dimensões da linha inclusão/exclusão (culturas, políticas e práticas), identificando possíveis "ferramentas"[1] geradoras deste processo. Ou seja, pelas políticas de inclusão, discutiremos ações que assegurem ou reflitam possibilidades para minimizações do processo de exclusão no âmbito educacional e social. Para esclarecimento do estudo, as discussões políticas não permeiam o âmbito partidário, mas sim seu sentido conceitual de possibilitar acesso para todos, não focando as ações em apenas determinado grupo social, ou seja, somente apresentando uma forma de inclusão/exclusão, pois o excluído de hoje não é o mesmo de amanhã, de ontem, e a cada *continuum* do processo teremos um olhar, uma ação e uma perspectiva totalmente diferenciada. No sentido das culturas de inclusão, iremos dialogar com os conceitos que nos remetam à mobilidade de conscientização e identificação de ações pró-culturais da sociedade e da instituição escolar, enquanto espaço destinado à formação e interlocução de diálogos entre as várias diversidades culturais. Já relacionados à prática de inclusão, discutiremos o reflexo das trocas de experiência, o desenvolver e potencializar tais fatores e o considerar o aluno como construtor de um processo pedagógico.

---

1. Entendem-se como *ferramentas* os tópicos apresentados e discutidos no capítulo "O papel do Estado, o fomento da identidade cultural: reflexos globalizantes e estereotipados, as práticas das institucionais de ensino: o contexto de interdisciplinaridade", baseando-se nos conceitos de políticas, culturas e práticas de inclusão apresentadas no capítulo primeiro deste livro.

Dando início à discussão: o Estado para inclusão

A dialética do imaginário de uma "sociedade igualitária" reforça o conceito neoliberal hegemônico e o avanço de reformas estruturais que acentuam a marginalização e a exclusão, em nome da abertura dos mercados e do sonho de entrar no Primeiro Mundo. Podemos observar o crescente avanço das organizações não-governamentais — responsáveis pela educação — e a idealização de uma sociedade que vive para consumir produtos que favorecem a exclusão. O pensamento dialético entre medo, conformismo, aceitação, insegurança gera a separação de grupos totalmente excluídos (econômica, educacional, racial, física, entre outros) e mais: o conformismo está no sentido de que o Estado garanta mercados/produtos de consumo "específicos" para ambos e que se consumirmos o que estão nos oferecendo (alienações), estaremos garantindo nossa segurança e nossa paz (Debord, 1997). Tais conceitos são tratados no âmbito educacional de uma forma ínfima, notadamente para conceitos direcionados para um mercado de trabalho separatista e elitista, e não para a vida. O aluno, neste processo se torna reprodutor de um modelo, o qual não apresenta aberturas ou flexibilidades para adaptações e mudanças aos denominados "fora dos padrões". Como então propor projetos políticos pedagógicos pautados em aspecto interdisciplinar dentro de uma cultura inflexível?

Entendendo um pouco mais desta lógica: O Estado, o mercado e a exclusão

Há mais de uma década tem-se discutido muito a respeito da importância do Estado na formulação de políticas sociais realmente inclusivas, que objetivam democratizar o acesso da população aos equipamentos de educação, esporte, saúde, trabalho e lazer. Em uma breve análise das atuais administrações (Santos e Souza, 2003), podemos perceber que as ações são de caráter paternalista/assistencialista, onde só são feitos investimentos naquelas políticas que possam gerar um retorno para aquela administração, esvaziando e desqualificando as dimensões públicas e sociais a democracia.[2] Qual o retorno apropriado ao Estado? Detemos-nos primeiramente no papel do Estado, que, segundo Coutinho (2002: 35),

> "é um instrumento fundamental de transformação social. O Estado é ainda a única instância capaz de universalizar direitos, garantindo-os a todos, o que certamente não pode ser assegurado pela boa vontade do voluntariado nem pela chamada filantropia empresarial."

Diante desta definição, podemos extrair uma gama de pontos a serem discutidos no que se refere à implantação de políticas de inclusão. Primeiro nos deteremos mais especificamente em descrever o "universalizar" utilizado na citação, o qual, para nosso entendimento, significa que todos terão acesso aos "direitos" constitucionais. Analisando a realidade, enxergamos que tais direitos são usufruídos por uma parcela pequena e elitizada da sociedade, chegando ao "sujeito social" representado pela sociedade civil, que é considerada parte do Estado ampliado e entendida como espaço de luta e disputa de hegemonias (Gramsci, apud Coutinho, 2002).

Há pouco mais de dez anos, as políticas educacionais e sociais estão sendo substituídas por propostas neoliberais, as quais remetem as ações do Estado a um nível mínimo, submisso ao mercado, tornando-o incapaz de formular e executar ações sociais, transferindo tais responsabilidades para o chamado terceiro setor (organizações não-governamentais, associações civis, entidades assistenciais e fundações) deixando o mesmo, como mediador de políticas, cada vez mais limitado e/ou enfraquecido em suas autonomias nacionais e ao funcionamento da democracia (Santos e Souza, 2003).

Lógica do capital: o discurso dominante

Apesar de a educação sofrer as influências do capital, não justifica que tenhamos de nos circunscrever dentro de seus parâmetros, que já es-

---

2. "[...] o público, então, é [...] propriamente como uma atividade filantrópica e a democracia aparece não como a manifestação de um projeto de sociedade construído coletivamente, mas como o meio mais favorável onde cada um se torna um fim para si mesmo e todo o resto é nada para ele" (Hegel, apud Semeraro, 2001: 214).

INCLUSÃO EM EDUCAÇÃO

tão estruturados e que são hegemônicos, numa dinâmica que limita o homem no seu processo de criação e reflexão, limite este que gera a reprodução de um modelo determinado e que desconsidera a diversidade social.

As razões para um viés tão pragmático não se remetem apenas a fatores pedagógicos, mas sim a motivos sociais, políticos, ideológicos, humanistas e culturais. O conhecimento e a informação propõem definições não claras, voltadas então para um processo de mercadoria de informação e consumo, originando a perda da criatividade, do produto, do mundo (Jordán, 1996).

Neste processo crescente de exclusão, o "outro", o diferente, o que não domina os "códigos da modernidade", não tem acesso ao processo de globalização em suas diferentes dimensões. Estão configurados por culturas que resistem a colocar no centro a competitividade e o consumo como valores fundamentais da vida, pertencem a etnias historicamente discriminadas e subjugadas em vários estereótipos, reconhecidos apenas em suas autonomias de luta pela sobrevivência e pelos direitos humanos básicos que lhe são negados. Quais são as ações da sociedade? De inclusão? E das instituições de ensino? Reflexo dos conceitos neoliberais? Dividir e segregar cada vez mais? As ações irão se remeter apenas à transitoriedade entre classes: regular e especial?

A identificação de ações culturais de inclusão: A formação da identidade cultural

Atualmente, nossa construção de identidade remete-se à difusão, ou melhor, à interlocução de conceitos no objetivo de que cada vez mais territórios, civilizações ou culturas institucionais sejam conquistados pelo imaginário ideal de qualidade de vida e cidadania (Giddens, 1990). Percebemos, em nossa discussão, que tal imaginário é alimentado pela lógica do capital em permanecer com as divisões de classes.

A visão globalizante,[3] pela qual segue a construção de ações ou organizações democraticamente inclusivas, nos remete a pensar em atribui-

---

3. "Os processos atuantes em escala global atravessam fronteiras nacionais, integrando e conectando comunidades e organizações em novas combinações de espaço-tempo, tornando o mundo,

ções e serviços de cunho imediatistas/emergenciais para sanar o problema da exclusão social. Portanto, é possível afirmar que a perspectiva de inclusão/exclusão na educação não pode ser dissociada da problemática social e política presente em cada contexto. Relações culturais e étnicas estão permeadas por relações de poder, assim como os embates culturais das ações das instituições de ensino — inflexíveis, imediatistas e excludentes (Foucault, 1982).

Na relação entre escola e identidade esbarramos com os aspectos: classe popular, identidade do público, diversidade cultural, educação informal e a relação de poder (este último em relação à intervenção globalizante).

A partir das décadas de 1950 e 1960, os movimentos de educação popular contribuem de modo significativo para a promoção de processos educativos atrelados aos componentes culturais de diferentes grupos populares. Tais experiências objetivam um atendimento mais adequado aos considerados "marginalizados social e culturalmente". Dá-se então a necessidade de se promover uma educação intercultural[4] como um princípio teórico e prático para o direcionamento dos sistemas educacionais como um todo. A evidência desta ação está diretamente relacionada com o descompasso entre a cultura escolar e a cultura social de referência[5] (Candau, 2000).

Como então trabalhar o conceito de tolerância[6] em um espaço monocultural? A cultura escolar contemporânea demonstra a consciência do direito fundamental[7] de cada povo à sua identidade cultural? O processo de inclusão no âmbito das culturas escolares aponta para um processo de construção e desconstrução contínua entre aluno, comunida-

---

em realidade e em experiência, mais interconectado. A globalização implica um movimento de distanciamento da idéia sociológica clássica da 'sociedade' como um sistema bem delimitado e sua substituição por uma perspectiva que se concentra na forma como a vida social está ordenada ao longo do tempo e do espaço" (Giddens, apud Hall, 1997: 72).

4. O interculturalismo supõe a deliberada inter-relação entre diferentes culturas (Candau, 2000: 181).

5. Cujo modelo ideológico segue o europeu elitista capitalista, conforme discussões ocorridas no Encontro sobre a Tolerância na América Latina e no Caribe, Rio de Janeiro, 1994.

6. Aqui o conceito de tolerância está comprometido com o respeito à diversidade cultural.

7. Livre de formas de dominação econômica e ideológica que o excluem de uma vida digna.

de, professor e instituição. Como já abordado na discussão anterior, podemos perceber que o aspecto *continuum*, histórico e dialético não se perde no âmbito cultural.

A questão das relações entre escola e cultura(s) e o papel homogeneizador da cultura escolar atribui a certos grupos sociais o sentimento de desqualificação entre o "eu" e o "outro" permeando sobre uma troca do estar e/ou sentir-se excluído de um processo, o qual não se sabe ao certo, pois os aspectos de construção e desconstrução não traduzem uma ação bilateral. As intervenções escolares desconstroem uma identidade cultural para imputar um modelo *homogeneizante e positivista*, notadamente dentro de uma ação unilateral.

Para Freire (1977: 178-179), a privação de uma identidade remete ao desrespeito à cultura e valores do "outro", gerando barreiras em seu desenvolvimento produtivo/criativo e fomentando, assim, o fracasso educacional. Este processo é denominado pelo autor como *invasão cultural*.[8]

A problemática do modelo educativo, assim como seu processo, remete o educando a uma condição alienante da "roda da sociedade" e de seu papel perante as ações atribuídas pela mesma. O *economicismo* ainda marca a questão da educação básica no país, tornando-a campo de contextos econômicos globalizantes. Neste aspecto, os objetivos giram em torno da preparação do aluno para uma integração à competitividade, tornando a escola um "bolsão" de mão-de-obra (muitas vezes barata, de acordo com o processo de alienação[9] de massa) para um mercado escasso. As culturas destas instituições se atrelam à de mercoescola (Azevedo, 1997), ou seja, a escola organizada com um currículo que atenda à lógica e aos interesses do mercado e do capital.

Para o educando, basta a "ilusão" de sujeito participativo do processo, enquanto são imputados valores, padrões e objetivos ambíguos ao seu

---

8. Processo de domínio, o que pode ser tanto de uma nação sobre outra como de uma classe sobre outra (Freire, 1977: 170).

9. O objetivo real do processo educativo não é preparar o indivíduo para a disputa extremada de produtividade material, para o consumismo desenfreado que beira à irracionalidade, porém deveria representar resistência e oposição a esse estado de demência social (Azevedo, 1997: 16).

mundo social e cultural, ou seja, "a visão de mundo dos grupos que têm ou pretendem ter a hegemonia social" (Freire, 1977: 181).

Para o educador, cabe que suas intervenções enfoquem e reflitam os aspectos políticos da educação, devendo ser incluído o aspecto ético, onde as relações sociais e culturais sejam a solidariedade, a cooperação e a democracia, possibilidades estas para a prática de inclusão não se ater às perspectivas próprias do educador, nem do sistema e nem de um ou dois segmentos sociais, mas sim com perspectivas da construção de sujeitos conscientes social, política e culturalmente.

Práticas de inclusão: Um processo para considerar

Quando falamos em inclusão escolar, referimo-nos a construir todas as formas possíveis por meio das quais se busca, no decorrer do processo educacional escolar, minimizar o processo de exclusão, maximizando a participação do aluno dentro do processo educativo e produzindo uma educação consciente para todos, levando em consideração quaisquer que sejam as origens e barreiras para o processo de aprendizagem.

Paradoxalmente, aceitar a escola como alternativa educacional insubstituível e especializada do ensino remete à avaliação dos seus resultados e à evidência de que ela está longe de corresponder a um parâmetro mínimo de eficiência. Dados do MEC/Inep (*Estado de S. Paulo*, São Paulo, 2003) indicam que até mesmo para as mais indiscutíveis metas do ensino (habilidades básicas em Português e Matemática) os índices alcançados pela maioria dos alunos de quarta série do Ensino Fundamental não ultrapassam os níveis "crítico" ou "muito crítico". Em face dessa evidência, é triste a constatação de que nossa sociedade, supostamente democrática (e, portanto, pautada pela convicção do direito de aprender e dever de ensinar), convive com a realidade de substituir o caos da desescolaridade pelo fracasso da escolarização.

Então como propor uma educação mais solidária e participativa? No sentido de toda comunidade escolar estar envolvida e interligada em um sentimento único, que é o do: "eu estou fazendo parte", ou melhor, "eu faço parte deste processo", nos remetemos a um pensamento que impossibilitaria tal postura: os *métodos utilizados*. O método tecnicista não abre espaço para a interdisciplinaridade, ou seja, não há espaço para a troca entre aluno e escola, aprendizado e educação, pois o conteúdo da instituição exalta o rendimento quantitativo médio para aprovação, e não o seu qualitativo para ensiná-lo.

Para Freire (2000: 15), a transposição de barreiras do alunado na condição de emancipá-lo estimulando sua criticidade seria o caminho de um processo de inclusão, notadamente na possibilidade de um novo conhecimento — *o coletivo*.

A necessidade de romper com a tendência fragmentadora e desarticulada do processo do conhecimento justifica-se pela compreensão da importância da interação e transformação recíprocas entre as diferentes áreas do saber. Essa compreensão crítica colabora para a superação da divisão do pensamento e do conhecimento, que vem colocando a pesquisa e o ensino como processo reprodutor de um saber parcelado que, conseqüentemente, muito tem refletido na profissionalização, nas relações de trabalho, no fortalecimento da predominância reprodutivista e na desvinculação do conhecimento do projeto global de sociedade. E conseqüentemente voltados para uma única via de aplicabilidade que seria as citadas anteriormente — a educação e o conhecimento voltados para o trabalho e para o vestibular, onde o homem estaria comprovando o seu papel enquanto sujeito social.

A ação do professor irá permear a prática da "lógica da exclusão", entendida como reorganização curricular, operando pela lógica das classes, ou seja, por relações em que os termos atendem um critério comum e único (obter certas notas, expressar certas formas de conduta, apresentar certas características físicas, intelectuais, sociais, entre outras de caráter inflexível e excludente), que iguala as pessoas e exclui pela indiferença, reprovação e crítica os que não se encaixam nessa referência, perpetuando e conservando as desigualdades sociais, ou seja, os que estão fora dos padrões "preestabelecidos" por uma parcela pautada na desigualdade (Stainback, 1999).

O aluno fora do processo: barreiras de um conteúdo programático

No entanto, as diferenças são marcadas como privilégios e desprivilégios, a diferença cultural reflete o meio social em que vive o indivíduo. Neste sentido, a escola tem reafirmado a hegemonia a partir das diferenças culturais dentro de seus programas, pois ela prioriza e privilegia o ensino da norma culta da língua, tendendo a desvalorizar as diferenças sociais. Resultado disto é que pessoas passam anos dentro de um sistema fechado, aprendendo um conteúdo programático estruturado e, no entanto, não sabem sequer fazer uso desta em momentos específicos que demandam domínio e permanecem (re)produzindo um reflexo da falta de incentivo à produção. Para o educador, o processo de *desencanto* dar-se-á pela inflexibilidade de atuação, em que o nem o aluno e nem o professor conseguem estabelecer e construir diálogos para a efetivação do processo nos quais estão inseridos.

É importante que se discuta com os educandos o conteúdo programático e o porquê da construção desses conhecimentos. Os educandos devem perceber a utilidade do conhecimento escolar em suas vidas (Freire, 1996). Seguindo este pensamento, o autor nos apresenta um argumento central de nossa discussão: "Por que não estabelecer uma necessária intimidade entre saberes curriculares fundamentais ao aluno e a experiência social que eles têm com o indivíduo?".

A ação pedagógica educacional, que podemos considerar como prática à criticidade coletiva, deve ser permeada pela perspectiva de estar construindo a crítica no educando para que ele se perceba como um indivíduo questionador do mundo, de forma a entender toda a organização feita para "uniformizá-lo" ou não, tendo em vista que esta curiosidade poderá suscitar questionamentos ao que parece ser benéfico aos sujeitos pertencentes ao processo ensino-aprendizagem.

Os alunos são oriundos de uma sociedade multicultural, com várias possibilidades: a diversidade familiar, culturas de raças etc. Notadamente, torna-se um marco para a prática de inclusão evitar um ensino elitista, autoritário e positivista, respeitando a identidade cultural e a experiência social do corpo discente.

Algumas considerações... que não vão se findar

A intenção deste capítulo foi demonstrar o diálogo entre os desdobramentos das políticas, culturas e práticas de inclusão, atrelado ao papel do educador, enquanto participante de um sistema inflexível e positivista, em que não se considera a multiculturalidade social.

A desconexão entre a cultura escolar e a cultura social de referência dos alunos e alunas tem sido ultimamente denunciada por inúmeros autores e evidenciada por diversas pesquisas. As salas de aula, onde supostamente se ensina e se aprende, deveriam ser espaços de lidar com o conhecimento sistematizado, construir significados, reforçar, questionar e construir interesses sociais, formas de poder, de vivências que têm necessariamente uma dimensão antropológica, política e cultural.

São as influências da lógica do capital, permeando as políticas (e por que não as culturas) da sociedade na aceitação pela voz passiva neoliberal e a globalização capitalista dando uma nova conotação à questão social. O Estado se torna mínimo em suas políticas educacionais, sociais e culturais. Percebemos o crescente avanço do terceiro setor, em que algumas de suas organizações se tornam maiores (em formulação e atuação de políticas) do que o próprio Estado.

O fenômeno da "terceiro-mundialização" de segmentos sociais representativos acentua-se cada vez mais não só na "fisionomia" do processo de inclusão, mas também na complexidade e gravidade da questão social. Ao fazer o inventário histórico da educação das classes populares no Brasil, Romanelli (1988: 128-129) afirma que se o objetivo manifesto das políticas estatais era o de integrar a massa social excluída, via escola, a uma sociedade afluente e moderna, como podemos observar, os resultados foram exatamente o contrário, com a escola assumindo a "dúplice cara dos excluídos e dos excludentes". Enquanto nas dimensões culturais observamos o atrelar das ações pela ideologia da produção de "mão-de-obra" que atenda às exigências do mercado seletista, que sofre intervenção mínima (enquanto reformulações) do Estado, em relação às práticas de inclusão identificamos a fragmentação do saber e do fazer hoje em nosso cotidiano escolar e social. Os contrastes apresentados aos conteúdos e grades curriculares nos remetem à ambigüidade de uma imensa quantidade de informação disponível na rede educacional que se confunde com o conhecimento. Pois este se dá a partir do momento em que o aluno participa da construção do processo pedagógico no qual está inserido.

O *reverse* do processo educacional excludente dar-se-ia pela revisão de seu papel, de modo que a instituição dedique-se, enquanto suas culturas e políticas, à mobilização da formação de sujeitos éticos, políticos, justos, cooperativos e autônomos, demonstrando e incentivando sua comunidade escolar[10] a um real comprometimento e entendimento das ações inclusivas da instituição, gerando educadores engajados em descobrir a existência das práticas de exclusão e buscar a inclusão como processo *continuum* de transformação para a (re)construção de novos conhecimentos. Rubens Alves em seu livro *Conversas com quem gosta de ensinar* (1995), afirma: "Educadores onde estarão? Em que caos terão se escondido? Professores há aos milhares. Educador não é profissão, é vocação. E toda a vocação nasce de um grande amor, de uma grande esperança".

Na formulação de um "novo paradigma educacional", na intenção de assegurar que todos os alunos tenham as mesmas oportunidades educacionais e sociais, o Estado (devido a sua opção de "cumprir" as diretrizes do mercado) tem apresentado um modelo de escola, em que os alunos são "homogeneizados" a reproduzir, o professor a não desenvolver seus conteúdos, e a instituição não minimiza as barreiras de aprendizagem, impossibilitando as interlocuções entre as diversidades sociais e o repensar sobre as origens da aprendizagem e as dificuldades comportamentais (Mittler, 2003).

Bibliografia

ALVES, R. *Conversas com quem gosta de ensinar*. Campinas: Papirus, 1995.

AZEVEDO, J. C. Soberania popular, gestão pública e escola cidadã. In: SILVA, L. H. et alii. *Identidade social e construção do conhecimento*. Porto Alegre: Secretaria Municipal de Educação/Prefeitura Municipal, 1997, p. 9-19.

---

10. Ver *Staff* no capítulo primeiro.

BUENO, José Geraldo Silveira. Educação inclusiva: Princípios e desafios. *Revista Mediação*, n. 1, dez. 1999 (Edição Comemorativa dos 25 anos do IHA).

CANDAU, Vera Maria (Org.). *Reinventar a escola*. Petrópolis: Vozes, 2000.

COUTINHO, Carlos Nelson. A democracia na batalha das idéias e nas lutas políticas do Brasil de hoje. In: SEMERARO, G. e FÁVERO, O. (Orgs.). *Democracia e construção do público no pensamento educacional brasileiro*. Petrópolis: Vozes, 2002, p. 11-40.

DEBORD, Guy. *A sociedade do espetáculo*. Trad. Estela dos Santos Abreu. Rio de Janeiro: Contraponto, 1997.

ESTADO DE S. PAULO. São Paulo, Estadão da Manhã (Cotidiano), 2003, p. 7.

FOUCAULT, Michel. *Microfísica do poder*. Rio de Janeiro: Graal, 1982.

FREIRE, P. *Pedagogia do oprimido*. 4. ed. Rio de Janeiro: Paz e Terra, 1977.

_____. *Pedagogia da autonomia*: Saberes necessários à prática educativa. São Paulo: Paz e Terra, 1996.

_____. *Educação como prática da liberdade*. 24. ed. Rio de Janeiro: Paz e Terra, 2000.

_____. *Educação e mudança*. Rio de Janeiro: Paz e Terra, 1979.

_____. *A importância do ato de ler*. São Paulo: Cortez/Autores Associados, 1982.

GIDDENS, Anthony. The Consequences of Modernity. In: HALL, Stuart. *A identidade cultural na pós-modernidade*. Rio de Janeiro: DP&A, 1997.

JORDÁN, J. A. *Propuestas de Educación Intercultural*. Barcelona: Ceac, 1996.

MITTLER, P. *Educação inclusiva*: Contextos sociais. Porto Alegre: Artmed, 2003.

ROMANELLI, O. O. *História da educação no Brasil*. 10. ed. Petrópolis: Vozes, 1988.

SANTOS, J. M. F. dos e SOUSA, J. C. de. *Por uma política pública de lazer para as pessoas portadoras de deficiência da cidade do Rio de Janeiro*, v. 1, n. 1, ano 7, jun. 2003 (Pesquisa em Educação Física).

SANTOS, M. P. dos e OLIVEIRA, Renato José de. Para além da visão liberal de tolerância: Um passo na construção de [...], *Contexto & Educação* — Revista de Educación en América Latina y el Caribe, ano 14, n. 56, out./dez. 1999, p. 7-24.

SEMERARO, G. *Gramsci e a sociedade civil*. 2. ed. Petrópolis: Vozes, 2001.

STAINBACK, Susan e STAINBACK, William. *Pedagogia da inclusão*. Porto Alegre: Artmed, 1999.

Inclusão e Ambiente Escolar

Neste capítulo analisaremos o processo de inclusão de portadores de necessidades especiais no ambiente escolar, considerando que promover a inclusão nesse espaço é apenas uma pequena parcela do grande caminho que a promoção de uma inclusão real e legítima significa, ou seja, incluir é antes de tudo oferecer condições de participação social e exercício da cidadania.

Para a realização deste texto, nos detivemos nos processos inclusivos no ambiente escolar, pensando nos três elementos fundamentais: o *sujeito incluído*, pois é preciso refletir o que desejamos oferecer aos nossos alunos quando pensamos em educação inclusiva; *o professor*, que deve ser assessorado na construção dos saberes que envolvem a educação dos portadores de necessidades especiais, a fim de que a educação inclusiva de fato promova a aprendizagem de seus alunos e o desenvolvimento de suas potencialidades, e por último, *a família*, elemento indispensável no

---

* Pedagoga (UFRJ), psicopedagoga (PUC), mestre em Educação Especial (UERJ), doutoranda em Psicologia (PUC), professora universitária (graduação e pós-graduação), implementadora do Programa de Educação de Crianças com Autismo da Secretaria Municipal de Educação de Duque de Caxias e orientadora educacional na área de Educação Inclusiva da Rede Municipal de Educação de Angra dos Reis.

processo de inclusão de seus filhos, ressaltando inclusive que esta também vive processos de exclusão social quando possui um filho deficiente.

O objetivo da educação para os alunos portadores de necessidades educacionais especiais é o de reduzir os obstáculos que impedem o indivíduo de desempenhar atividades e participar plenamente na sociedade (Nilsson, 2003). Os estudos mais contemporâneos em Educação Especial apontam para a educação inclusiva e sem dúvida, tanto do ponto de vista legal quanto dos princípios educacionais, temos muitas razões para pensar desta forma. As práticas inclusivas representam uma evolução de nossas idéias acerca da Educação Especial.

Muito se tem falado sobre o processo de inclusão, e quase sempre com o sentido de que inclusão e integração escolar seriam sinônimas. Na verdade, a integração insere o sujeito na escola esperando uma adaptação deste ao ambiente escolar já estruturado, enquanto a inclusão escolar implica redimensionamento de estruturas físicas da escola, de atitudes e percepções dos educadores, adaptações curriculares, entre outros. A inclusão num sentido mais amplo significa o direito ao exercício da cidadania, sendo a inclusão escolar apenas uma pequena parcela do processo que precisamos percorrer. A cidadania do portador de necessidades especiais é um caminho recente e que evolui de maneira tímida, pois toma corpo apenas na década de 1990, com o movimento de "Educação para todos", apesar de ter início em forma de diretrizes políticas, pelo menos desde 1948, quando da aprovação da Declaração Universal dos Direitos Humanos (Santos, 2001). Esta Declaração representa, sem dúvida, um grande marco no processo de inclusão social da pessoa portadora de necessidades especiais. Ainda que não seja um documento especificamente destinado à educação especial, favorece indiretamente o movimento de inclusão social do portador de necessidades educativas especiais, pois propõe a igualdade entre os homens e o direito à educação a todos os indivíduos.

A inclusão educacional trata do direito à educação, comum a todas as pessoas e o direito de receber a educação, sempre que possível, junto com as demais pessoas nas escolas regulares. As tendências mais recentes dos sistemas de ensino são:

INCLUSÃO EM EDUCAÇÃO

- integração/inclusão do aluno com necessidades especiais preferencialmente no sistema regular de ensino e, se isto não for possível em função do educando, realizar o atendimento em classes e escolas especializadas;
- ampliação do regulamento das escolas especiais para prestarem apoio e orientação aos programas de integração, além do atendimento específico;
- melhoria da qualificação dos professores do ensino fundamental;
- expansão da oferta dos cursos de formação/especialização pelas universidades e escolas normais.

Promover a inclusão de deficientes significa, sobretudo, uma mudança de postura e de olhar acerca da deficiência. Implica quebra de paradigmas, reformulação do nosso sistema de ensino para a conquista de uma educação de qualidade, na qual o acesso, o atendimento adequado e a permanência sejam garantidos a todos os alunos, independentemente de suas diferenças e necessidades. A concepção da Educação Especial como serviço segrega e cria dois sistemas separados de educação: o regular e o especial, eliminando todas as vantagens que a convivência com a diversidade pode nos oferecer.

O oferecimento da Educação Especial como um serviço, de maneira segregada, cujo objetivo era a educação de pessoas portadoras de deficiência, normalmente era realizado em ambiente especializado e com características de tratamento, implicando a existência de dois sistemas de educação paralelos: o regular e o especial (Santos, 2001).

A denúncia da existência de alunos segregados em salas de aula supostamente inclusivas é muito freqüente. Entendemos que uma classe inclusiva é aquela que promove o desenvolvimento do seu aluno, e não apenas oferece a oportunidade da convivência social. Para algumas instituições, o fato de receber o aluno especial e matriculá-lo representa uma forma de inclusão, quando de fato não é assim que pode ser denominada. Para haver inclusão é necessário que haja aprendizagem e participação social, e isso traz a necessidade de rever os nossos conceitos sobre currículo. Este não pode se resumir às experiências acadêmicas, mas deve ser ampliado para todas as experiências que favoreçam o desenvolvimento dos alunos normais ou especiais. Sendo assim, as atividades de vida diária podem se constituir em currículo e, em alguns casos, talvez sejam "os conteúdos" que serão ensinados. A questão que podemos e devemos levantar é se a escola representa para a criança especial um espaço significativo de aprendizagem. Sendo a resposta positiva, podemos então afirmar que desenvolvemos práticas inclusivas.

Inclusão e práticas pedagógicas

Ao tocar no aspecto das práticas inclusivas é necessário comentar a importância que a formação do professor que atuará nas classes inclusivas tem no sucesso da inclusão. Até recentemente, apenas os professores que possuíam um interesse pela Educação Especial é que se dirigiam para a formação específica e depois, obviamente, faziam escolhas profissionais ou não que envolviam a Educação Especial. Infelizmente, a demanda da inclusão chega às escolas antes da preparação do professor, e a solução tem sido a capacitação do profissional em serviço, através dos programas de formação continuada. As práticas pedagógicas eficazes e apropriadas às deficiências são imprescindíveis para a evolução dos alunos, e isso o professor só consegue planejar e desenvolver quando recebe o referencial teórico e a assessoria pedagógica adequados.

Para Bueno (1999), é necessário capacitar dois tipos de professores: professores do ensino regular com formação básica, incluindo formação para lidar com a diversidade e professores especializados, que trabalhariam como equipe de atendimento e apoio. Essa capacitação é sugerida inclusive pelas diretrizes nacionais para a Educação Especial na Educação Básica (MEC, 2001).

> Se por um lado, a educação inclusiva exige que o professor do ensino regular adquira formação para fazer frente a uma população que possui características peculiares, por outro, exige que o professor de educação especial amplie suas perspectivas, tradicionalmente centradas nessas características. (Bueno, 1999: 162)

A prática pedagógica é um elemento-chave na transformação da escola, estendendo essa possibilidade de transformação à sociedade. Em virtude do tema da diversidade, as práticas pedagógicas têm caminhado no sentido da pedagogia das diferenças (Mendes, 2002).

Ilustraremos aqui a concepção de inclusão no seu sentido amplo, por meio da Declaração de Salamanca:

> Inclusão e participação são essenciais à dignidade humana e ao gozo e exercício dos direitos humanos. No campo da educação, tal se reflete no desenvolvimento de estratégias que procuram proporcionar uma equalização genuína de oportunidades. A experiência em muitos países demonstra que a integração de crianças e jovens com necessidades educacionais especiais é mais eficazmente alcançada em escolas inclusivas que servem a todas as crianças de uma comunidade. (Declaração de Salamanca, 1994: 61)

Em 1990, em Jomtien, na Tailândia, acontece a Conferência Mundial de Educação para Todos, que renova o direito à educação para todos, independentemente das diferenças individuais. Em 1993, nas Normas das Nações Unidas sobre igualdade de oportunidades é enfatizada a responsabilidade do Estado na educação das pessoas com deficiência como parte integrante do sistema educativo. Mas é na Declaração de Salamanca, em 1994, que encontramos o movimento de inclusão do portador de necessidades especiais tomando corpo e provocando discussões importantes. Esta Declaração propõe que governos e organizações sejam guiados pelo espírito de suas propostas e recomendações e que, desta forma, cada criança possa ter a oportunidade de conseguir e manter um nível aceitável de aprendizagem. Propõe ainda que os sistemas educativos implementados possuam a devida diversidade, a fim de que cada criança ou jovem tenha acesso às escolas regulares.

Historicamente, a fundação de instituições e de escolas que possam atender os portadores de necessidades especiais tem sido realizada por meio de movimentos isolados, seja pelos familiares destes ou pelos próprios portadores de deficiência. Observa-se certa ausência de políticas públicas eficazes que possam garantir um real movimento de inclusão social. Em contrapartida, a defesa dos direitos dos portadores de necessidades especiais tem sido vista em movimentos isolados, promovidos por pequenos grupos e somente depois integrados às políticas sociais (Mazzota, 2001).

Paralelamente ao movimento de inclusão, procurou-se identificar a capacidade de aprendizagem acadêmica das crianças portadoras de necessidades especiais, assim como o processo grupal ou individual de adaptação a um meio social mais natural: a escola, por exemplo.

Na história da Educação Especial é possível observar dificuldades por parte dos professores e das equipes pedagógicas e administrativas não só no que se refere à aceitação e à forma da compreensão dos fenômenos de comportamentos manifestos pelas crianças especiais, como também na falta de infra-estrutura material e de pessoal qualificado para orientação e supervisão adequadas. A necessidade de recursos humanos devidamente capacitados para atuar em classes inclusivas implica não só o conhecimento a respeito das especificidades da deficiência com a qual se vai trabalhar, mas também uma reflexão crítica acerca do sentido da educação e de suas finalidades.

Nunes, Ferreira e Mendes (2003), ao analisarem um conjunto de 59 teses e dissertações defendidas em várias universidades, constataram a questão dos recursos humanos como um dos pontos centrais para a integração ou inclusão escolar. Bueno (1999, apud Amaral, 2003), defende que nada justifica o fim da Educação Especial, como se o nosso sistema de ensino estivesse totalmente preparado para receber crianças com necessidades especiais. De fato, não há como incluir crianças especiais no ensino regular sem apoio especializado que ofereça aos professores dessas classes orientação e assistência na perspectiva da qualificação do trabalho pedagógico ali envolvido.

Nunes Sobrinho (2003) considera necessárias pesquisas que tratem da definição do perfil profissiográfico do educador especial, pois é essencial que o aluno com necessidades especiais seja acompanhado, no seu processo ensino-aprendizagem, por professores devidamente preparados tanto no aspecto pedagógico quanto no aspecto psicológico/emocional (Lima e Ramos, 2003).

Para Martins (2003: 23),

a educação destinada às pessoas com deficiência foi realizada, tradicionalmente, de forma separada daquela dirigida aos alunos considerados normais [...] formaram-se, então, dois sistemas separados: o regular e o especial, envolvendo pressupostos político-educacionais específicos, formas de
administração e pessoal técnico pedagógico...

Educando todos os alunos juntos, as pessoas com deficiência têm
oportunidade de preparar-se para a vida na comunidade, os professores
melhoram suas habilidades profissionais e a sociedade toma a decisão
consciente de funcionar de acordo com o valor social de igualdade para
todas as pessoas, com os conseqüentes resultados de melhoria da paz
social. Para conseguir o ensino inclusivo, os professores regulares e especiais, bem como os recursos, devem aliar-se em esforço unificado e consistente (Karagiannis, in Stainback e Stainback, 1999).

De acordo com os princípios e fins da educação nacional, a educação
é inspirada nos princípios de liberdade e nos ideais de solidariedade humana, tendo por finalidade o pleno desenvolvimento do educando, seu
preparo para o exercício da cidadania e qualificação para o trabalho, o que
nos remete à reflexão sobre a falta de oportunidades da pessoa com necessidades especiais exercer a sua cidadania.

A Constituição Federal de 1988, em seu art. 203, estabelece que "A
assistência social será prestada a quem dela necessitar, independentemente
de contribuição à seguridade social". Mais adiante, acrescenta: "[...] a ha-
bilitação e reabilitação das pessoas portadoras de deficiência e a promoção de sua integração comunitária". É importante esclarecer que a referência a esse artigo se justifica para enfatizar a responsabilidade do Estado no que diz respeito à assistência ao indivíduo que dela necessita, longe
de desejar sugerir uma prática assistencialista, tão presente na história de
nossas práticas educativas.

O art. 208 da mesma Constituição ressalta que o "dever do Estado
com a educação será efetivado mediante a garantia de, dentre outros [...]
atendimento educacional especializado aos portadores de deficiência,
preferencialmente na rede regular de ensino".

A forma como a Educação Especial está expressa nas Leis de Diretrizes e Bases formuladas ao longo dos anos traduz o tratamento dado a esta pela sociedade e interfere na distribuição de verbas, na divisão de recursos e em especial nas ações educativas. Se a Educação Especial fará parte do sistema geral de educação ou se estará à margem deste, deve fazer parte das definições das diretrizes da Educação Especial.

A Lei de Diretrizes e Bases nº 9.394/96, que atualmente estabelece as diretrizes e bases da educação nacional, normatiza a Educação Especial por meio dos artigos abaixo relacionados:

> Art. 4º, III — atendimento educacional especializado aos portadores de deficiência, será feito preferencialmente na rede regular de ensino.
>
> Art. 58. Entende-se por Educação Especial, para os efeitos desta lei, a modalidade de educação escolar, oferecida preferencialmente na rede regular de ensino, para portadores de necessidades especiais.

É preciso ter claro que para a conquista do processo de inclusão de qualidade algumas reformulações no sistema educacional se fazem necessários. Seriam elas: adaptações curriculares, metodológicas e dos recursos tecnológicos, a racionalização da terminalidade do ensino para aqueles que não puderem atingir o nível exigido para a conclusão do Ensino Fundamental, em virtude das necessidades especiais, a especialização dos professores e a preparação para o trabalho, visando à efetivação da cidadania do portador de necessidades especiais.

Família e inclusão educacional

Um processo de inclusão escolar consciente e responsável não acontece somente no âmbito escolar e deve seguir alguns critérios. A família possui um papel decisivo no sucesso da inclusão. Sabemos que se trata de famílias que experimentam dores psíquicas em diversas fases da vida, desde o momento da notícia da deficiência e durante as fases do desenvolvimento, quando a comparação com demais crianças é freqüente.

Para Glat (2003), por mais harmônica que seja uma família, essa crise é inevitável. O nascimento de um filho com algum tipo de deficiência ou doença, ou o aparecimento de alguma condição excepcional significa uma destruição de todos os sonhos e expectativas que haviam sido gerados em função dele. Durante a gravidez, e mesmo antes, os pais sonham com aquele "filho ideal" que será bonito, saudável, inteligente, forte e superará todos os limites; aquele filho que realizará tudo que eles não conseguiram alcançar em suas próprias vidas. Além da decepção, o nascimento de um filho portador de deficiência implica reajustamento de expectativas, planos para o futuro e a vivência de situações críticas e sentimentos difíceis de enfrentar (Nunes, Glat, Ferreira e Mendes, 1998).

Passado o período de luto simbólico, a forma como a família se posiciona frente à deficiência pode ser determinante para o desenvolvimento do filho. Muitos pais, porque não acreditam que seus filhos possuam potencialidades, deixam de ensinar coisas elementares para o autocuidado e para o desenvolvimento da independência. Alguns optam pelo isolamento e outros por infantilizarem seus filhos por toda a vida, esquecendo que eles não são eternos e que o portador de necessidades especiais deve se tornar o mais autônomo possível.

Os sentimentos da família sobre a deficiência de seus filhos são cíclicos e podem transitar entre a aceitação e a negação, especialmente nas mudanças de fases da criança. Por exemplo, quando o filho entra na adolescência, é comum os pais o compararem com os demais jovens, e na maioria das vezes o resultado dessa comparação é negativo, considerando sempre o que ele não é capaz de fazer e, muitas vezes, desconsiderando o quanto já evoluiu.

A família pode colaborar de maneira muito especial para o desenvolvimento da criança portadora de necessidades educacionais especiais na escola, principalmente fornecendo aos profissionais informações sobre as formas de comunicação da criança. Havendo pelo menos uma forma de comunicação utilizada pela criança, outras podem ser desenvolvidas (Peteers, 1998). "A família se constitui, portanto, o fator determinante para a detonação e manutenção — ou, ao contrário, para o impedimento do processo de integração" (Glat e Duque, 2003: 46).

A inclusão escolar da criança pode trazer alterações no seio familiar, na medida em que a criança está freqüentando mais um grupo social e tendo a oportunidade de conviver com outras crianças. Os pais, por sua vez, passam a conviver com outros pais nesse novo universo e a acreditar nas possibilidades de desenvolvimento e aprendizagem sistemática de seus filhos. Os prognósticos quanto ao futuro do filho podem ficar menos obscuros, e a idéia de que o filho não tem condições de realizar nada pode ser substituída por esperanças conscientes e investimentos no desenvolvimento da criança. A escola é o único espaço social que divide com a família a responsabilidade de educar e que, de certa forma, trabalha a unidade da coletividade. Ela favorece certa transitoriedade entre as diferenças individuais e as necessidades do grupo oferecendo ao indivíduo, oportunidades de comportamentos normalizantes.

Martins (2003) nos alerta para a controvérsia do termo normalizante, ao ressaltar que a integração foi um dos princípios da Educação Especial, sendo percebida como uma intenção de normalização, de cura. Quando se propõe a inclusão dos portadores de necessidades especiais deve-se respeitar as características de sua natureza, visando à aquisição de comportamentos sociais aceitáveis, porém respeitando as necessidades especiais de cada educando, e, sobretudo, trazendo os pais para um comportamento mais realístico possível, evitando a fantasia da cura, tão presente em pais de crianças especiais.

Os pais freqüentemente têm a perspectiva de longo prazo; preocupam-se com o que será de seu filho ou filha com dificuldades quando adultos, pois o processo de aprendizagem por vezes é lento, e por isso é muito importante eleger as melhores prioridades em colaboração entre pais e a equipe que atende a criança (Nilsson, 2003). Além de eleger o que pode compor o currículo das crianças, é preciso conscientizar os familiares sobre os malefícios da infantilização e dos benefícios do aprendizado da independência a fim de se desenvolver ao máximo as potencialidades do sujeito com necessidades educacionais especiais. Os pais precisam lembrar da realidade dura, mas imutável, de que não são eternos. Precisam outorgar os cuidados de seu filho especial a algum familiar ou pessoa de sua convivência que se disponha, mas também preparar o seu filho para a vida independente, com comportamentos socialmente aceitos. Reconhecer as características positivas dos filhos, o seu valor, suas potencialidades, sua individualidade e sua capacidade criativa pode representar a maior dádiva que os pais podem dar aos filhos (Glat, 2003).

Aiello (2002) constatou que há por vezes uma relação conflituosa entre profissionais da escola e familiares. Enquanto os familiares se queixam da duração e dos horários das reuniões de pais, da falta de transporte e do uso de uma linguagem técnica por parte dos profissionais, provocando nos pais um sentimento de inferioridade e, conseqüentemente, o afastamento da escola, os profissionais também apresentam queixas a respeito dos familiares, tais como a apatia ou indiferença pelo desenvolvimento dos filhos, a falta de tempo, a falta de compreensão das necessidades da escola e do sistema escolar, bem como a ausência nas reuniões e o não-reconhecimento do trabalho realizado pela escola em benefício de seus filhos.

É muito importante que haja uma parceria entre familiares e escola, pois os pais são portadores de informações preciosas que podem colaborar bastante com o planejamento das intervenções educacionais. A parceria entre família e escola é enfatizada pela Declaração de Salamanca (Aiello, 2002), e o envolvimento entre as duas partes asseguraria uma ativa participação dos pais na tomada de decisão e no planejamento educacional dos seus filhos, com a adoção de uma comunicação clara e aberta. De maneira geral, os pais têm críticas a fazer em relação às escolas que não atendem, de forma ampla, às suas expectativas, no entanto, a maioria dos familiares considera que a escola é um *locus* privilegiado para o desenvolvimento global dos filhos (Glat e Duque, 2003).

Considerações finais

Consideramos finalmente que a inclusão educacional é um processo ainda a ser construído, visto que as práticas exercidas na maioria das escolas não contemplam um processo fidedigno que visa à aprendizagem e o desenvolvimento das potencialidades dos alunos. É certo que há necessidade de formulação e execução de políticas públicas inclusivas que envolvam principalmente o apoio à família e ao professor, desde a sua formação. Caminhamos ainda muito timidamente na formulação de políticas públicas que favoreçam um real processo de inclusão educacional, embora muitas conquistas tenham ocorrido e possam ser historicamente comprovadas, mas ainda é pouco. É prudente também afirmar que o aluno com necessidades educacionais especiais deve ser incluído quando suas condições assim permitirem e quando a inclusão significar para este um benefício. Desta forma, ratificamos que a inclusão não elimina a existência da educação especial.

O assessoramento ao professor de classes inclusivas é uma condição indispensável ao sucesso do trabalho, sendo necessário fazer valer o que as Diretrizes Nacionais da Educação Especial na Educação Básica prevêem, desde a sua formação de base até o acompanhamento do seu cotidiano. Acreditamos ainda que quando uma criança é incluída na escola regular, sua família também o é, e, além disso, a família representa a continuidade das aprendizagens oferecidas aos alunos na escola, além de ser indispensável no oferecimento de informações que irão subsidiar o trabalho pedagógico.

Bibliografia

AIELLO, A. L. R. Família inclusiva. In: PALHARES, M. S. e MARINS, S. C. F. *Educação inclusiva*. São Carlos: Edufscar, 2002.

AMARAL, D. P. do. Paradigmas da inclusão: Uma introdução. In: NUNES SOBRINHO, F. de P. *Inclusão educacional*: Pesquisas e interfaces. Rio de Janeiro: Livre Expressão, 2003.

BRASIL/MJ/CORDE. Declaração de Salamanca e linha de ação sobre necessidades educativas especiais. Brasília, 1994.

BUENO, J. G. S. A educação inclusiva e as novas exigências para a formação de professores: Algumas considerações. In: BICUDO, M. A. e SILVA, J. C. A. da (Orgs.). *Formação do educador e avaliação educacional*: Formação inicial e contínua. São Paulo: Unesp, 1999.

CARVALHO, E. N. S. de. Adaptações curriculares: uma necessidade. In: *Educação Especial*: Um salto para o futuro. Brasília: MEC, 2001.

FIGUEIREDO. R. I. Ações organizacionais e pedagógicas dos sistemas de ensino: políticas de inclusão? In: ROSA, D. E. G. e SOUZA, V. C. *Políticas organizativas e curriculares, educação inclusiva e formação de professores*. Rio de Janeiro: Alternativa e DpeA, 2002.

GLAT, R. e DUQUE, M. A. *Convivendo com filhos especiais*: O olhar paterno. Rio de Janeiro: Sette Lettras, 2003.

GOFFREDO, V. L. F. S. de. Educação: direito de todos os brasileiros. In: *Educação Especial*: Um salto para o futuro. Brasília: MEC, 2001.

LIMA, S. S. L de e RAMOS, N. P. Legislação em educação especial no Brasil: O paradoxo da exclusão da inclusão e inclusão da exclusão. In: NUNES SOBRINHO, F. de P. *Inclusão educacional*: Pesquisas e interfaces. Rio de Janeiro: Livre Expressão, 2003.

MANTOAN, M. T. E. Produção de conhecimentos para a abertura das escolas às diferenças: a contribuição do Leped (Unicamp). In: ROSA, D. E. G. e SOUZA, V. C. *Políticas organizativas e curriculares, educação inclusiva e formação de professores*. Rio de Janeiro: Alternativa e DpeA, 2002.

MARTINS, L. A. R. *A inclusão escolar do portador da síndrome de Down*: O que pensam os educadores? Natal: Editora da Universidade Federal do Rio Grande do Norte, 2003.

MAZZOTTA, M. J. S. *Educação especial no Brasil*: História e políticas públicas. 3. ed. São Paulo: Cortez, 2001.

MENDES, E. G. *Desafios atuais na formação do professor de Educação Especial*. Integração, MEC/SEESP, Brasíla, v. 24, 2002, p. 12-17.

MITTLER, P. *Educação inclusiva*: Contextos sociais. Porto Alegre: Artmed, 2003.

NILSSON, I. A educação de pessoas com desordens do espectro autístico e dificuldades semelhantes de aprendizagem. *Temas sobre Desenvolvimento*, v. 12, n. 68, 2003, p. 5-45.

NUNES, D. Rua. Efeitos dos procedimentos naturalísticos no processo de aquisição de linguagem através de sistema pictográfico de comunicação em criança autista. In: NUNES, L. R. (Org.). *Favorecendo o desenvolvimento da comunicação em crianças e jovens com necessidades educacionais especiais*. Rio de Janeiro: Dunya, 2003.

NUNES, L. R.; GLAT, R. Ferreira e MENDES, E. Atitudes e percepções familiares e profissionais. In: Pesquisa em Educação Especial na Pós-graduação. Rio de Janeiro: Sete Lettras, 1998.

NUNES SOBRINHO, F. de P. Inversão educacional: Pesquisas e interfaces. Rio de Janeiro: Livre Expressão, 2003.

NUNES SOBRINHO, F. de P. e NAUJORKS, M. I. (Org.). *Pesquisa em Educação Especial*. Bauru: Edusc, 2001.

PADILHA, A. M. L. *Práticas pedagógicas na educação especial*: A capacidade de significar o mundo e a inserção cultural do deficiente mental. São Paulo: Autores Associados, 2001.

PETEERS, T. *Autismo*: Entendimento teórico e intervenção educacional. Rio de Janeiro: Cultura Médica, 1998.

REVIÈRE, A. O desenvolvimento e a educação da criança autista. In: COLL, César; PALÁCIOS, Jesús e MARCHESI, Álvaro (Orgs.). *Desenvolvimento psicológico e educação*: Necessidades educativas e aprendizagem escolar. Porto Alegre: Artes Médicas, 1995, v. 3.

SANTOS, M. P. dos. *A inclusão da criança com necessidades educacionais especiais*. Disponível em <www.regra.com.br/educaçao>. Acesso em 21 set. 2001.

_____. A prática da educação para a inclusão. In: MARQUEZINE, M. C. *Inclusão*. Londrina: Educ, 2003, v. 2.

STAINBACK, S. e STAINBACK, W. *Inclusão*: Um guia para educadores. Trad. Magda França Lopes. Porto Alegre: Artmed, 1999.

SOUZA, S. S. O lazer e seu efeito facilitador para a integração social de indivíduo com deficiência e suas famílias. In: NUNES, F. (Org.). *Inclusão educacional*: Pesquisa e interfaces. Rio de Janeiro: Fábrica do Livro, 2003.

Expressão da Criatividade na Prática Pedagógica e a Luta pela Inclusão em Educação: tecendo relações

*Kátia Regina Xavier da Silva**

Proponho neste ensaio um desafio duplo: tecer algumas relações entre a expressão da criatividade na prática pedagógica e a luta pela inclusão em educação; e, refletir sobre a importância da criatividade do professor para a construção de culturas de inclusão, para o desenvolvimento de políticas de inclusão e para a orquestração das práticas de inclusão no contexto da educação básica.

É fato que a dificuldade de se definir, de forma objetiva, os termos criatividade e inclusão e a multiplicidade de interpretações que tais termos podem vir a suscitar têm causado problemas, tanto epistemológicos como práticos, durante o processo de formação do professor da Educação Básica. Também é fato que solucionar criativamente os problemas enfrentados na prática pedagógica e adotar atitudes inclusivas no trato com a di-

---

* Doutoranda em Educação (UFRJ), mestre em Educação (UERJ), especialista em Orientação Educacional (Ucam), licenciada em Educação Física e graduada em Pedagogia (UFRJ), professora da FE/UFRJ e da rede municipal de Belford Roxo.

versidade são requisitos essenciais para a construção de uma educação de qualidade que atenda a todas as pessoas, sem qualquer tipo de distinção.

Todos os dias, muitos educadores necessitam resolver problemas que, infelizmente, constituem lugar-comum no contexto da educação brasileira: baixos salários, falta de apoio das instâncias governamentais; turmas superlotadas, escassez de recursos materiais, inadequação do espaço físico, pouco tempo para desenvolver os conteúdos, por conta da considerável extensão dos currículos e programas, falta de acesso a cursos de capacitação e falta de tempo e recursos para freqüentar os que lhes são oferecidos, alunos desmotivados, indisciplinados, que não sabem ler, provenientes de famílias omissas, ausentes, desestruturadas; e, além de tudo isso, a falta de comprometimento de alguns colegas de profissão que deixaram sucumbir entre os escombros desta avalanche de problemas a própria capacidade criativa (Silva, 2004).

Assim, dia após dia, ano após ano, estudantes e professores de todos os segmentos de ensino transitam por territórios marcados muito mais pela exclusão do que pela inclusão. Têm como referência culturas que traduzem o desânimo, o conformismo e a descrença no potencial humano; políticas que privilegiam o hábito, muito mais do que a inovação, ditando o como fazer por meio dos programas elaborados pelas instâncias governamentais em detrimento de construir estratégias no chão da escola e pensar o porquê fazer; e práticas que refletem estas culturas e políticas.

Uma das questões essenciais é: se a criatividade e a inclusão têm sido amplamente cotadas no cenário educacional como requisitos para uma educação de qualidade capaz de atender as diversidades em suas múltiplas facetas, como formar o professor para a criatividade e para a inclusão?

Infelizmente, ainda não há uma resposta satisfatória para tal questionamento. Há, sim, mais hipóteses do que certezas sobre o assunto. O pressuposto central que nos serve de ponto de partida é que não há inclusão sem criatividade. Com base nesta idéia tecemos a seguir algumas relações entre a expressão da criatividade na prática pedagógica e a luta pela inclusão em educação.

Criatividade e inclusão em educação: Tecendo possíveis relações

Conforme já foi dito, o conceito de criatividade não tem uma definição precisa e pode ser entendido sob diferentes focos.

O primeiro refere-se ao ponto de vista da *pessoa criativa* ou do sujeito que cria, em termos de atitudes, valores, hábitos etc. A pessoa criativa é, geralmente, vista como aquela que apresenta disposição para vencer as dificuldades em vez de se deixar imobilizar por elas; produz múltiplas e originais soluções para o mesmo problema; é curiosa; tolerante face à ambigüidade; gosta de correr riscos calculados; é mais autônoma, quando comparada às demais pessoas que convivem em seu grupo social, entre tantas outras características (Taylor & Holland, 1976).

O segundo ponto de vista focaliza o *processo criativo* e tem a ver com os diferentes estágios pelos quais passa a pessoa criativa para solucionar os problemas enfrentados, iniciando com a descoberta do problema, passando pela mobilização de recursos e coleta de informações acerca do mesmo; conectando as informações com o problema a ser resolvido; elaborando, testando e avaliando as estratégias para resolvê-lo e, finalmente, comunicando as soluções encontradas para que outros possam conhecê-la e utilizá-la (Torrance & Torrance, 1974).

O terceiro diz respeito ao resultado da criação, ou seja, ao *produto criativo*, aquilo que é visível aos olhos do outro: teorias, artefatos, pinturas, entre outros. O produto criativo tem diferentes valorações em diferentes tempos e espaços. Um produto pode ser criativo para uns e não sê-lo para outros.

Para Sternberg (2000) a criatividade "é um julgamento sociocultural da inovação, da adequação, da qualidade e da importância de um produto" (p.169). Desta forma, cada cultura avalia a criatividade de acordo com seus próprios parâmetros, embora haja uma significativa coerência entre o ponto de vista dos especialistas e o ponto de vista do grupo social de uma forma geral. Aliás, este não é um problema restrito à avaliação da criatividade, podendo ser extensivo a qualquer tipo de avaliação, que está "sempre relacionada às normas e às expectativas de um grupo específico em uma época específica e em um lugar específico" (ibidem: 170).

Não irei detalhar cada um destes pontos de vista, optando por utilizar deliberadamente uma definição ampla e geral de criatividade, conceitualizando-a como um fenômeno dinâmico, complexo, multifacetado, que depende de fatores internos e externos ao indivíduo para que seja expressa. De forma mais ampla, podemos defini-la aqui como um produto da auto-realização do indivíduo (Rogers, 1978), em diferentes campos, não estando restrita à elaboração ou apresentação de novas técnicas ou produtos, e sim como parte de um processo de autocriação tipicamente humano, que permite ao homem repensar o seu passado para recriar o seu presente e projetar o seu futuro e o da humanidade.

Para Ostrower (2002: 10), "o homem cria não apenas porque quer, ou porque gosta e sim porque precisa; ele só pode crescer, enquanto ser humano, coerentemente, ordenando, dando forma, criando". A autora também afirma que "a cultura serve de referência a tudo o que o indivíduo é, faz, comunica, à elaboração de novas atitudes e novos comportamentos e, naturalmente, a toda possível criação" (p.12). É por meio da e na relação com a cultura que o homem desenvolve e expressa a sua criatividade. Assim, a(s) pessoa(s) criativa(s) faz(em) uso de processos criativos para elaborar produtos criativos.

Eis aqui uma primeira relação entre a criatividade e a inclusão: ambas são resultantes de uma necessidade humana que não é só individual, mas também cultural.

A idéia da inclusão pode ser caracterizada como o resultado de um processo criativo impulsionado pela necessidade de atender, reconhecer e, acima de tudo, valorizar as diversidades. Se pensarmos nas origens deste conceito, veremos que após a Segunda Guerra Mundial muitas pessoas, em vários países do mundo, sentiram a necessidade de se mobilizar e minimizar a exclusão social, o desemprego e os estragos provocados pela guerra, buscando alternativas, "para que uma vida mais digna fosse garantida aos seus membros. Esses grupos tomaram força política, e passaram também a exercer influência na elaboração de políticas mais humanistas em seus respectivos países" (Santos, 2001: 28).

No campo da educação, o movimento de Educação para Todos, iniciado na Conferência Mundial sobre Educação para Todos, também pode ser entendido como resultado de uma necessidade, tendo em vista a constatação de que mais de 100 milhões de crianças não tinham acesso ao ensino primário. Verificou-se, portanto, que além das pessoas portadoras de deficiência, outras também enfrentavam situações de exclusão, como os negros, os pobres e as mulheres, por exemplo.

Assim, conforme destaca Santos (2003), o conceito de inclusão passou a ser entendido num contexto mais amplo, *que engloba todas as pessoas que experimentam barreiras à aprendizagem e à participação, e não somente às pessoas portadoras de deficiência*. O conceito de inclusão passou de uma idéia a "uma luta, um movimento que tem por essência estar presente em todas as áreas da vida humana, inclusive a educacional" (ibidem: 81).

E, como toda luta, a inclusão exige coragem. Para assegurar a sua parcela de participação na construção de culturas, no desenvolvimento de políticas e na orquestração das práticas de inclusão, o professor deve lançar mão de toda a sua coragem para preservar seus sentimentos, sua consciência e sua responsabilidade, ante a angústia e a ansiedade que envolve este processo. Afinal, ele tem um início, mas não tem um fim determinado e muito menos garantias de sucesso pleno em todas as situações.

Utilizando a expressão proposta por May (1975), a inclusão exige uma espécie de coragem criativa que não nega o desespero, mas que leva o homem adiante, apesar do desespero; que o mobiliza a aceitar e enfrentar riscos e arcar de forma responsável com as suas conseqüências, sejam elas positivas ou não.

Não podemos, entretanto, restringir a expressão da criatividade e a luta pela inclusão em educação a uma visão meramente romântica. Partindo desta idéia, proponho uma segunda relação: *assim como nem toda a criatividade é "boa", a inclusão também pode ser perversa.*

Ora, como nem toda a criatividade é "boa"? Vejamos um exemplo que não é incomum no contexto da prática pedagógica. Um professor se depara com um aluno ou um grupo de alunos que enfrenta barreiras à aprendizagem. A escola, por sua vez, lhe cobra uma solução para o problema enfrentado. A equipe pedagógica sugere a realização de um projeto para atender as necessidades do(s) aluno(s) em dificuldade. O professor encontra algumas saídas: (1) criar estratégias *mirabolantes* para ensinar os conteúdos; (2) copiar uma solução criativa encontrada por outro colega que trabalha na mesma escola ou em outro lugar (deu certo com ele, por que não vai dar comigo?); (3) diminuir a cobrança feita aos alunos que não conseguem acompanhar o ritmo do ensino (afinal, é melhor *nivelar por baixo*, eles não vão aprender mesmo...). Tudo isso, sem levar em conta as peculiaridades e particularidades da cultura da escola, o ritmo de aprendizagem dos alunos, os recursos, o espaço físico...

Kneller (1978: 14-5) nos lembra que,

> um desinibido bambolear dos quadris dificilmente seria uma dança criativa, nem o simples misturar de tintas numa tela, pintura criadora [...] outros enganam-se equacionando o criativo com o inconvencional. Parecem esquecer que não existe ninguém menos convencional do que o lunático.

E, neste sentido, não é qualquer mudança que leva à inclusão. Em alguns casos, o *tiro pode sair pela culatra*. Assim como estes exemplos não se referem, necessariamente, à expressão da "boa" criatividade — ainda que possam ser vistos como tal —, o discurso da *inclusão* deve ser avaliado cautelosamente, pois também pode estar a serviço da exclusão ou de um tipo de inclusão, a qual Sawaia (2002) chama de *inclusão perversa*. Vale lembrar que "o excluído não está [em todas as ocasiões] à margem da sociedade, mas repõe e sustenta a ordem social, sofrendo muito neste processo de inclusão social" (ibidem: 12).

A criatividade e a inclusão são, acima de tudo, políticos no sentido mais amplo do termo. Não se resumem a simples aplicação de métodos e técnicas para saciar as necessidades impostas pelo sistema educacional ou pela sociedade. Exigem a reflexão sobre o que estamos fazendo, sobre os limites e as possibilidades de nossa prática pedagógica; se nós enquanto pessoas e enquanto profissionais, trabalhamos única e exclusivamente em prol da própria subsistência e para atender as nossas necessidades humanas mais elementares; se somos capazes de transgredir o caráter individualista de nossas ações e tornar públicos os nossos significados e sentidos mais próprios, como, por exemplo, o que é o homem? O que é a educação? Quem sou eu nesta relação homem–educação?

Na relação criatividade–inclusão não é somente o produto que importa. Lembrando Ostrower (2002: 69),

> seja qual for a área de atuação, a criatividade se elabora em nossa capacidade de selecionar, relacionar e integrar os dados do mundo externo e interno, de transformá-los com o propósito de encaminhá-los para um sentido mais completo. Ao transformarmos as matérias, agimos, fazemos. São experiências existenciais — processos de criação — que nos envolvem na globalidade, em nosso ser sensível, no ser pensante, no ser atuante.

A autora utiliza os termos *materialidade* e *matéria* para se referir a tudo o que pode ser formado e transformado pelo homem. Isto inclui o que é palpável e o que não é palpável: pedras, pensamentos, conceitos, sons, formas, estados afetivos etc. A materialidade abrange tudo o que possibilita e/ou limita o processo de criação. Na relação criatividade–inclusão, as possibilidades orientam e as impossibilidades desorientam e reorientam o professor na busca por novos caminhos.

Como conseqüência das duas primeiras relações, proponho, então, uma terceira: *sendo a prática democrática um princípio da educação inclusiva* (Santos, 2003), *criatividade e inclusão não são possíveis sem a expressão plena da autonomia*, entendendo autonomia como "a capacidade — de uma sociedade ou indivíduo — de agir deliberada e explicitamente para modificar a sua lei, isto é, a sua forma" (Castoriadis, 1999: 220). Ser autônomo "abre uma interrogação sobre a lei que devo (que devemos) adotar" (ibidem: 221) e sobre os possíveis erros e conseqüências provenientes das decisões tomadas. O sujeito autônomo não se protege desses erros "pela instauração de uma autoridade externa" (ibidem) sendo a única limitação da democracia a autolimitação do próprio sujeito.

O sistema, a falta de dinheiro, a falta de informação, o espaço, o tempo..., todos limitam, mas quando o professor impõe a si mesmo limites para se proteger dos erros e dos riscos que são inevitáveis no processo da inclusão, passa a ser uma utopia não realizável. "Os limites não são áreas proibitivas, são áreas indicativas. São meios e modos de identificar um fenômeno. Ao encontrar os limites, podemos configurar o fenômeno e, mais importante, ao esclarecer os limites, qualificamos o fenômeno" (Ostrower, 2002: 160)

Por que não tentar pensar no terceiro lado da moeda? O quarto, quinto ou sexto gume da faca? Por que não questionar a ordem instituída pela sociedade e os sentidos a ela atribuídos? Por que não pensar nos motivos que levam à exclusão e as diferentes formas de se fazer inclusão?

A busca pela autocriação e pela atualização das possibilidades do professor inclui pensar autonomamente os limites como uma vírgula ou um ponto-e-vírgula, e não como um ponto final. A autonomia não é um hábito, "mas cria-se exercendo-a, o que pressupõe que, de certa maneira, ela preexiste a ela mesma" (Castoriadis, 1992: 234). É necessário, portanto, considerar a impossibilidade de o sujeito, sozinho, pelo próprio discurso ou pelo discurso do outro, encontrar soluções eficazes que contribuam para a inclusão em educação. Daí a importância da prática democrática como princípio básico para uma educação inclusiva.

Neste sentido, suponho não ser possível a expressão plena da criatividade e a criação da inclusão na prática pedagógica sem pensar a questão da autonomia do indivíduo e da sociedade; sem questionar a ambígua relação entre inclusão e exclusão, bem como refletir coletiva e explicitamente sobre os motivos pelos quais incluímos e/ou excluímos pessoas, grupos, sociedades, culturas.

Em outras palavras, suponho não ser possível a expressão plena da criatividade e a criação da inclusão na prática pedagógica sem que sejamos capazes de interrogar as nossas próprias certezas e as certezas presentes em nosso discurso e no discurso do outro. Conforme afirmou Castoriadis (1987: 43) "são as certezas mais fundamentadas, óbvias, que devem ser interrogadas com mais afinco e as mais suscetíveis de serem suspeitas: sua evidência testemunha contra elas".

Como podemos *criar culturas*, *desenvolver políticas* e *orquestrar práticas* de inclusão no campo educacional de maneira a transformar, reverter ou amenizar as situações de exclusão, tendo em vista que elas não são novas e se arrastam por décadas na história da educação brasileira?

O *como* não está nas teorias, não está nos métodos. Afinal, a educação não é apenas nem sobretudo a teoria sobre a prática; a educação é uma criação social, histórica e individual. Não é muito difícil perceber que as mais altas instâncias do sistema educacional ainda estão buscando respostas unívocas à questões plurais, bem como não é muito difícil constatar que tais respostas não satisfazem as necessidades presentes na diversidade humana.

Talvez porque tais soluções realmente não existam em apenas uma única versão nem estejam sintetizadas em uma única teoria. "A teoria orienta, define classes infinitas de possíveis e impossíveis, mas não pode predizer nem produzir a solução" (Castoriadis, 1987: 41). A solução, seja para a questão da criatividade na prática pedagógica ou para a inclusão em educação, não pode ser comunicada ou visualizada de forma antecipada pela teoria, mas sim construída pelo próprio sujeito, criada pelo próprio professor.

Professor: um agente de encantamento no desenvolvimento da criatividade e da inclusão

Ser professor é dar condições e oportunidades ao outro de construir seus próprios sentidos e criar suas próprias condições para viver em sociedade, refletir sobre esta última e *refletir-se*, sem jamais retornar aquilo que era antes, num eterno *devir*. O professor é, pois, um agente de encantamento nestes tempos de desencanto. O professor é, pois, aquele que apresenta os limites e, sobretudo, faz florescer as possibilidades criativas e inclusivas.

Para Martínez (2000: 184) "a importância do professor no desenvolvimento da criatividade de seus alunos é inquestionável", pois ele observa, organiza, critica, parte de experiências antigas para solucionar problemas novos e desenvolve todo o trabalho docente de forma a contribuir para fomentar a criatividade de seus alunos. A autora argumenta que "professores criativos contribuem, ainda que a relação não seja necessariamente linear, para o desenvolvimento da criatividade de seus alunos" (p. 185).

Isto nos conduz a algumas proposições que não são verdades absolutas, mas podem ser construídas pela reflexão, desconstruídas e reconstruídas na ação:

- a criatividade é uma característica tipicamente humana que pode ser desenvolvida por processos educacionais (Torrance & Torrance, 1974);
- o professor apresenta-se como uma pessoa-critério (Rogers & Kinget, 1977) para os seus alunos, transmitindo normas, valores, modos de ser e de agir que, por sua vez, são internalizados ou não, dependendo do papel que o primeiro representa em sua existência. Quando vistos como pessoas criativas ensinam os alunos a serem criativos, por meio de suas ações, e orientar-se em função de atitudes inclusivas;
- a inclusão em educação é favorecida pela expressão plena da criatividade do professor. Quanto mais criativo é o professor, mais tenderá a estar aberto a novas experiências e orientar-se em função de atitudes inclusivas;
- o encantamento que aqui vos escrevo não é mágico, mítico ou esotérico. É um encantamento que traduz valores culturais, individuais e de vida construídos e elaborados no contexto de sua formação enquanto pessoa e profissional e que não é dito ou ensinado, mas é sentido na relação afetiva com o outro. Estes valores são apresentados simbolicamente por meio de suas atitudes criativas — ou não —, inclusivas — ou não — e aprendidas pelos alunos.

(In) Conclusão

Tantas palavras foram escritas, tantas reflexões foram feitas. Propus um desafio amplo e finalizo com a sensação de inconclusão. Retomo, assim, três, das inúmeras relações possíveis de serem estabelecidas entre a expressão da criatividade na prática pedagógica e a luta pela inclusão em educação:

- A criatividade e a inclusão são resultantes de uma necessidade humana que não é só individual, mas também, cultural.

- Assim como nem toda a criatividade é "boa", a inclusão também pode ser perversa.

- Sendo a prática democrática um princípio da educação inclusiva (Santos, 2003), criatividade e inclusão não são possíveis sem a expressão plena da autonomia.

Reafirmo também que o professor é um agente de encantamento nestes tempos de desencanto. Suas ações e atitudes servem como um modelo, não a ser copiado, mas sim recriado pelos seus alunos. Desta forma, não há técnica ou método criativo ou de vanguarda que substitua a emotividade. Um sem o outro não tem sentido e não suscita a criação de sentidos para o outro que atua como observador externo.

Assim como Morin, Ciurana & Motta (2003: 98), acredito que "em diferentes lugares do planeta, sempre existe uma minoria de educadores, animados pela fé na necessidade de reformar o pensamento e em regenerar o ensino. São educadores que possuem um forte senso de sua missão". Profissionais criativos, mas, sobretudo, pessoas que propõem e levam adiante suas idéias inovadoras e que insistem em lutar contra este quadro de exclusão aparentemente irreversível, travando uma batalha diária contra a inflexibilidade de pensamento, contra o medo de se arriscar na incerteza, contra a crença de que o conhecimento é estático ou mesmo contra a incapacidade de perceber e desenvolver os próprios potenciais.

A formação acadêmica, sozinha, não dá conta de formar professores para a criatividade e para a inclusão em educação, mas, certamente, é fundamental para desenvolver nos profissionais e futuros profissionais as potencialidades que permitirão a criação de culturas, políticas e práticas de inclusão. Deve ficar claro que a formação "não se trata de algo relativo a apenas uma etapa ou fase do desenvolvimento humano, mas sim algo que percorre, atravessa e constitui a história dos homens como seres sociais, políticos e culturais" (Batista, 2002: 135). E esse *algo*, este processo, se faz no dia-a-dia, se faz ao caminhar.

> Seu caminho, cada um o terá que descobrir por si [...] caminhando, saberá. Andando, o indivíduo configura o seu caminhar. Cria formas, dentro de si e em redor de si. E assim como na arte o artista se procura nas formas da

imagem criada, cada indivíduo se procura nas formas do seu fazer, nas formas do seu viver. Chegará a seu destino. Encontrando, saberá o que buscou (Ostrower, 2002: 76).

Finalmente, assim como não se pode dizer a um artista qual a melhor tinta, qual a tela mais adequada, que tipo de combinação ele deverá utilizar para produzir a sua obra, talvez seja impossível dizer a um professor que ele deve ser criativo e promover a inclusão em sua sala de aula. Ostrower (2002) diz que cada artista parece carregar dentro de si uma *bússola* que o orienta em seu percurso criador. A *bússola* que o professor carrega — ou não — é a sua autonomia, que lhe dá a coragem, a responsabilidade e a liberdade necessárias para criar e incluir a si mesmo e ao outro em sua prática pedagógica.

Bibliografia

BATISTA, Sylvia H. da S. Formação. In: FAZENDA, Ivani C. A. (Org.). *Dicionário em construção*: interdisciplinaridade. São Paulo: Cortez, 2002, p.135-7.

CASTORIADIS, Cornelius. *As encruzilhadas do labirinto I*. Rio de Janeiro: Paz e Terra, 1987.

_____. *As encruzilhadas do labirinto III*: O mundo fragmentado. Rio de Janeiro: Paz e Terra, 1992.

_____. *Feito e a ser feito*: As encruzilhadas do labirinto V. Rio de Janeiro: DP&A, 1999.

KNELLER, George F. *Arte e ciência da criatividade*. São Paulo: Ibrasa, 1978.

MARTINÉZ, Albertina M. *Criatividade, personalidade e educação*. Campinas: Papirus, 2000.

MAY, Rollo. *A coragem de criar*. Rio de Janeiro: Nova Fronteira, 1975.

MORIN, Edgar; CIURANA, Emílio-Roger e MOTTA, Raúl D. *Educar na era planetária*: O pensamento complexo como método de aprendizagem no erro e na incerteza humana. São Paulo/Brasília: Cortez/Unesco, 2003.

OSTROWER, Fayga. *Criatividade e processos de criação*. Petrópolis: Vozes, 2002.

ROGERS, Carl R. *Sobre o poder pessoal*. São Paulo: Martins Fontes, 1978.

ROGERS, Carl e KINGET, G. Marian. *Psicoterapia e relações humanas*: Teoria e prática da terapia não-diretiva. Belo Horizonte: Interlivros, 1977.

SANTOS, Mônica P. dos. O papel do ensino superior na proposta de uma educação inclusiva. *Revista da Faculdade de Educação da UFF*, n. 7, maio 2003, p. 78-91.

_____. *Escola para todos*: Um olhar pelo mundo. Anais do V Seminário Nacional do INES: Surdez e Diversidade. Rio de Janeiro, 19 a 21 de setembro de 2001, p. 27-34.

SAWAIA, Bader. Introdução: exclusão ou inclusão perversa? In: SAWAIA, Bader (Org.). *As artimanhas da exclusão*: Análise psicossocial e ética da desigualdade social. Petrópolis: Vozes, 2002, p. 7-13.

SILVA, Kátia R. X. da. *Criatividade na prática pedagógica*. Dissertação de Mestrado. Rio de Janeiro: Faculdade de Educação, UERJ, 2004.

STERNBERG, Robert J. *Inteligência para o sucesso pessoal: como a inteligência prática e criativa determina o sucesso*. Rio de Janeiro: Campus, 2000.

TAYLOR, Calvin W. e HOLLAND, John. Prognosticadores de desempenho criativo. In: TAYLOR, Calvin W. (Org.). *Criatividade*: Progresso e potencial. São Paulo: Ibrasa, 1976, p. 37-78.

TORRANCE, Ellis P. e TORRANCE, J. Pansy. *Pode-se ensinar criatividade?* São Paulo: EPU, 1974.

Inclusão e Processos de Formação

*Simone da Silva Salgado**

O objetivo deste capítulo é discutir a importância de construir e cultivar culturas, políticas e práticas de inclusão durante o processo de formação de professores, enfatizando a dimensão pessoal e as subjetividades que permeiam este processo.

A concepção de *inclusão em educação* que adotamos se refere à efetivação de uma *educação para todos* e expressa, dentro de um contexto educacional amplo, a realização de um trabalho pedagógico consciente para alcançar metas e objetivos educacionais que maximizem a participação e minimizem as barreiras à aprendizagem experienciadas por todos os alunos, independentemente de origem étnica, racial, socioeconômica e características pessoais aceitas ou não pelo grupo de conivência.

Nesta perspectiva, a inclusão é, portanto, "um processo que reitera princípios democráticos de participação social plena [...] de qualquer cidadão em qualquer arena da sociedade em que viva, à qual ele tem direito, e sobre a qual ele tem deveres" (Santos, 2003: 81).

---

* Professora substituta da Faculdade de Educação/UFRJ, professora da rede municipal de ensino do Rio de Janeiro e mestranda em Educação/UERJ, e-mail: sissal@bol.com.br

Duas questões devem nortear este processo:

- Quem está em condições de aprender?
- Que mudanças são necessárias para que os alunos aprendam e participem e para que o processo de inclusão em educação tenha um real significado?

Para a primeira indagação temos uma resposta: *todos são capazes e têm o direito de aprender*. Para responder à segunda, temos que levar em consideração que o processo de inclusão em educação abrange três dimensões que interagem dinamicamente e que se influenciam de maneira recíproca: a dimensão da construção de *culturas de inclusão*, a dimensão do *desenvolvimento de políticas de inclusão* e a dimensão da *orquestração das práticas* de inclusão (Santos & Paulino, 2004).

A primeira se refere à construção de *valores inclusivos* que favoreçam a compreensão e o respeito às diferenças; a segunda ao *pensar* sobre esses valores e planejar ações que possibilitem a participação efetiva de todos nas diferentes áreas da vida humana; e a terceira se refere à *orquestração das práticas de inclusão* que está ligada ao fazer a inclusão, apoiada nas dimensões anteriormente citadas (ibidem). Ou seja,

> estar em consonância com o paradigma da inclusão em educação não significa contemplar todas as especificidades dos comprometimentos oriundos das/os crianças/jovens que encontram barreiras em sua aprendizagem. Significa, sim, direcionar o olhar para a compreensão das diversidades, oportunizando a aprendizagem de seus alunos e respeitando suas necessidades. (Santos, 2003: 89)

Neste sentido, defendemos a idéia de que o papel ativo dos professores é um dos elementos principais para que o processo de inclusão em educação realmente ocorra. Este profissional, enquanto sujeito em permanente construção, forma suas subjetividades e seus modos de atuação pedagógica em plena interação, em vários momentos e ao longo de diversos processos de constituição de si próprio, ao longo de sua história de vida. "Um percurso de vida é assim um percurso de formação, no sentido de que é um processo de formação" (Moita, 1992: 115).

O processo de formação pode assim considerar-se a dinâmica em que se vai construindo a identidade de uma pessoa. Processo em que cada pessoa, permanecendo ela própria e reconhecendo-se a mesma ao longo da sua história, se forma, se transforma em interação (ibidem).

Compreender como os professores se formam é tecer relações com as ambigüidades que atravessam a vida. Isto supõe colocar em destaque a dimensão pessoal da formação dos professores e as subjetividades que permeiam esse processo como um dos elementos essenciais que contribuem para a efetivação de um segundo processo, o da inclusão em educação.

Formação e inclusão: O professor e o equilibrista

A ação pedagógica dos professores se configura historicamente ao longo das experiências obtidas em diferentes contextos. Nestes contextos eles vivenciam diferentes emoções, criam representações, resolvem conflitos, tomam decisões. Essas construções de sentidos delineiam sua prática pedagógica, bem como a forma de olhar os desafios e as diversidades.

A partir desta concepção podemos dizer que, em parte, a ação pedagógica dos professores está relacionada à sua constituição histórica enquanto sujeito e, por outro lado, às características dos diferentes espaços onde suas ações têm algum significado e sentido.

Este processo de formação, por sua vez, poderá favorecer a exclusão se não tiver em suas bases experiências e orientações inclusivas. Como nos lembra Martinez (2003: 138), "o reconhecimento da necessidade de uma sociedade inclusiva supõe o reconhecimento do fenômeno de exclusão social como característica da sociedade contemporânea".[1] Retomemos então as três dimensões da inclusão em educação, antes citadas, agora levando em conta o aspecto da constituição do *sujeito professor*.

Construir e cultivar culturas de inclusão no seio das experiências dos professores enquanto pessoas e educadores requer o respeito e a compreensão da diversidade e de si mesmo como sendo parte desta diversidade;

---

1. Tradução livre da autora.

com o objetivo de garantir o aumento da participação e da aprendizagem de todos é necessário aumentar a própria aprendizagem profissional e também a participação ativa como sujeito da inclusão.

Construir e cultivar políticas de inclusão pressupõe planejar novas formas de atuação, com intencionalidade e ousadia, a fim de que os aspectos criativos do trabalho docente possibilitem novas formas de intervenção que garantam a participação de todos em diferentes campos de atuação e em diferentes espaços. Aqui, mais uma vez, o sujeito professor entra em cena, na medida em que planejar é pensar e criar estratégias. O pensar é um ato individual, mas não é solitário. Afinal, não podemos esquecer que ninguém pensa sozinho. Pensar envolve ouvir e ser ouvido pelos outros. É no pensar com o outro e para o outro que o professor pode encontrar as estratégias adequadas a cada tipo de situação e problema enfrentado.

Construir e cultivar práticas de inclusão pressupõe, também, manter-se motivado e envolvido para fazer a inclusão no dia-a-dia da sala de aula, não deixando que valores não inclusivos, como comodismo, elitismo, pessimismo entre tantos outros, afetem a forma de trabalhar e planejar do professor, evitando assim excluir os alunos que apresentam diferentes ritmos de aprendizagem.

Mas não pensemos que construir e cultivar culturas, políticas e práticas de inclusão é uma tarefa fácil. Exige, antes de tudo, o exercício da capacidade de equilibrar-se sobre bases que não são sólidas e, portanto, não garantem a segurança e o sucesso tão desejado em qualquer prática profissional.

Para ilustrar este processo contaremos uma história elaborada com base em partes da estória infantil de Fernanda Lopes de Almeida, intitulada *O equilibrista*, na tentativa de refletir como a formação do sujeito professor pode estar relacionada ao processo de pensar, criar, valorar e fazer a inclusão em educação. Ao longo do texto alternaremos trechos da referida estória infantil e algumas situações vividas por muitos professores que se equilibram neste caminho incerto — seriam estes *professores equilibristas?* —, mas muito fértil que é a inclusão em educação.

Era uma vez um equilibrista. Vivia em cima de um fio, sobre um abismo.

Era uma vez um professor. Trabalhava numa escola, onde diversos alunos tinham uma história parecida com a sua, dificuldades financeiras, falta de apoio familiar, dificuldade de aprendizagem, entre tantos outros problemas.

Tinha nascido numa casa sobre o fio. E já tinha nascido avisado de que a casa podia desmoronar a qualquer momento.

Nada era garantido nesta escola, todos os outros colegas professores já estavam convencidos de que não podiam fazer milagres, deviam dar suas "aulinhas". Quem participasse e compreendesse ótimo, e quem não conseguisse que a vida lhes desse uma sorte melhor.

Acho que vou me mudar [disse o Equilibrista]... (Aviso: esta casa está por um fio!).

O professor primeiro pensou em pedir transferência da escola e assim o fez, já que não tinha muita experiência no ensino para lidar com tamanhos problemas. Seus próprios colegas de profissão já o tinham advertido que não adiantava fazer grandes coisas.

Mas logo percebeu que não havia nenhum outro lugar para ele morar.

Chegando à outra escola percebeu que esta também tinha problemas: iguais, diferentes e semelhantes aos da anterior e que não adiantava fugir. Pensou: "Vou dar minhas aulinhas e ignorar as diversidades". Mas lembrou de quando era jovem, dos problemas que enfrentou, das mãos amigas que se estenderam, dos antigos bons e maus professores que lhe serviram de referência para ocupar a posição que ele tinha hoje. Então, ele decidiu que não poderia ignorar os problemas.

O equilibrista era bem jovem quando descobriu que ele mesmo é que tinha de ir inventando o que acontecia com o fio.

Meu Deus! Que responsabilidade!

Para o aluno que não participava das atividades, matava aula e não prestava atenção, o professor criava estratégias diferenciadas. Para os alunos que enfrentavam barreiras à aprendizagem, ministrava aulas de recuperação paralela, trabalho em grupos, procurava ajuda, orientação e apoio com os demais colegas de equipe.

Se queria ter uma festa, tinha que fabricar a festa com o fio.

Não há nenhuma festa pronta para as pessoas ali na esquina.

Não? Então vou fazer uma. (Convite para minha festa. Eu que fiz.).

Mostrava seu trabalho, contava sua história e provava que com um pouco de trabalho, sensibilidade e criatividade, ele e os outros professores poderiam mudar a história de diversos alunos.

O equilibrista ficava um pouco assustado com a conversa dos desequilibristas.

Porém alguns professores, quando ouviam o que o professor dizia, ficavam encantados com tamanha dedicação, mas ignoravam os objetivos. Outros achavam que era desperdício de energia e que só o esforço pessoal dos alunos poderia mudar o destino dos mesmos, sendo a função do professor dar suas aulas, ministrando somente os conteúdos preestabelecidos — seriam estes professores desequilibristas?

[Mas o equilibrista] *desenrolava* [o seu fio] *o melhor que podia.*

No entanto o professor acreditava que, assim como foi sua história, a história de seus alunos poderia ser a diferente e continuou investindo no seu trabalho, com base em suas experiências e sua formação acadêmica. O que ele podia fazer ele fazia.

De vez em quando o equilibrista dava uma paradinha e olhava para trás: — Puxa! Meu chão fui eu mesmo que fiz!

Logo o professor percebeu que tinha os alicerces para construir diferentes tipos de trabalho e atender a diferentes tipos de necessidades de seus alunos. E que da mesma forma que aconteceu com ele, seus alunos tinham o direito de ter a chance de almejar vários tipos de inserção social e ser aceitos independentemente do que os outros acreditassem que fossem. Ser incluídos educacional e socialmente, e não excluídos com base em julgamentos e estereótipos preconcebidos.

Umas pessoas concordavam. Outras, não.

Mas esse professor acreditava, pelo percurso de vida e formação que enfrentou, que para construir uma sociedade mais igualitária e menos excludente, ele tinha que fazer a parte dele, e não se limitar ao fracasso, antes de tentar o sucesso.

INCLUSÃO EM EDUCAÇÃO

O equilibrista deu um risinho: — Justamente o interessante é que cada um acha o que quer.

Desempenhar papel de tamanha responsabilidade confere uma tarefa que, por vezes não é muito fácil. No entanto, é preciso que nós, educadores, nos desafiemos cotidianamente a repensar o que estamos fazendo para ajudar a superar barreiras à aprendizagem que qualquer aluno possa experimentar [...]. De qualquer forma, quando obtemos sucesso descobrimos abordagens de ensino que poderemos reutilizar. E, se não funcionarem, é preciso que não desistamos na primeira, e sim que nos empenhemos em descobrir a razão do fracasso para poder mudar a abordagem e ver se fazemos a diferença. (Santos, 2003: 90)

De acordo com a formação, seja ela experienciada enquanto aluno, futuro professor e ou professor, com os valores e as crenças construídas ao longo deste processo de formação é que o professor estabelece sua orientação, seja ela inclusiva ou não, e define sua forma de agir, pensar e atuar no magistério.

Também é durante este processo de formação permanente que o professor constrói sua identidade pessoal e profissional. A identidade não é um produto. É um lugar de lutas, conflitos e construção de sentidos.

Para pensar a inclusão em educação e estabelecer parâmetros identitários de ser e estar na profissão docente Nóvoa (1992) nos apresenta três AAA. O primeiro refere-se à adesão "porque ser professor implica sempre a adesão a princípios e a valores de projectos, um investimento positivo nas potencialidades" (p. 16) dos alunos; o segundo, a ação "porque [...] na escolha das melhores maneiras de agir, se jogam decisões do foro profissional e do foro pessoal" (ibidem), e o terceiro a autoconsciência "porque [...] tudo se decide no processo de reflexão que o professor leva a cabo sobre a sua própria acção" (*idem, ibidem*).

A construção de identidades pessoais e profissionais orientadas para o processo de inclusão em educação passa por períodos complexos, na medida em que cada um se apropria dos sentidos existentes e constitui seus próprios sentidos ao longo de sua história pessoal e profissional. Um processo subjetivo que necessita de tempo: "Um tempo para refazer identidades, para acomodar inovações, para assimilar mudanças" (Nóvoa, 1992: 16).

Assim como o equilibrista, o professor tece o seu fio em plena interação. E é nos desequilíbrios que ele vai se construindo e constituindo. Desta forma, pensar a formação e a inclusão em educação significa dizer que este processo é permanente e que só difundindo essas concepções poderemos reiterar princípios mais humanos, democráticos e comprometidos com uma sociedade mais justa e menos desigual.

Considerações finais

Enfatizamos a importância de construir e cultivar culturas, políticas e práticas de inclusão durante o processo de formação de professores. Compreendemos esta formação como um processo permanente, ou seja, ocorre antes, durante e após a formação acadêmica específica, sendo permeada por valores que são construídos ao longo da vida do sujeito e de acordo com o contexto de sua formação enquanto pessoa e profissional.

Construímos uma história com base em outra, que não é tão distante de nossa realidade, e defendemos a idéia de que o professor é um sujeito importante neste *movimento de inclusão* (Santos e Souza, 2002).

A forma como este professor atua irá influenciar e, quem sabe, determinar o alcance ou não dos objetivos de ensino e dos ideais de inclusão em educação. Ele deve decidir e agir de acordo com o contexto em que a prática pedagógica ocorre e "desenvolver uma percepção aguda [...] um *olhar afiado* para detectar situações de exclusão" (ibidem: 4).

Ressaltamos também que a ação pedagógica dos professores está relacionada à sua constituição histórica, em outras palavras, aos seus valores e convicções e às características dos espaços sociais onde conviveu, convive e/ou vive. E isso, exige uma disposição intensa para trocar com o outro, aprendendo e ensinando nesta relação; criando novos sentidos para sua prática e construindo subjetivamente novas posturas políticas e valores pedagógicos.

Neste sentido, construir e cultivar culturas, políticas e práticas de inclusão durante a formação do sujeito professor significa reiterar princípios democráticos de acesso e permanência na escola de muitos alunos que enfrentam barreiras à participação e à aquisição da aprendizagem. Significa, tomando emprestado os três AAA de Nóvoa (1992), *aderir* aos princípios e valores inclusivos; *agir* profissionalmente — utilizando os recursos e conhecimentos técnicos e específicos à formação acadêmica — mas sem esquecer que cada profissional, antes de sê-lo, é uma pessoa e cada aluno também o é; e, finalmente, se *autoconscientizar* de que a ação pedagógica é, sempre, uma ação coletiva, apesar da solidão que muitas vezes ocorre quando o pensar e o fazer do professor não dão conta dos muitos problemas que enfrenta.

Terminamos ressaltando a necessidade de se valorizar e formar professores ativos, criativos e verdadeiramente comprometidos com o processo de inclusão em educação, que encarem o trabalho docente como um desafio permanente e como lugar de construção de sentidos, valores, subjetividades e, sobretudo, que trabalhem com otimismo e persistência.

Bibliografia

ALMEIDA, Fernanda L. de. *O equilibrista*. São Paulo: Ática, 2001.

MARTINEZ, Albertina Mitjáns. El profesor como sujeto: elemento esencial de la formación de profesores para la educación inclusiva. *Revista da Faculdade de Educação da UFF*, n. 7, maio 2003, p. 137-49.

MOITA, Maria da C. Percursos de formação e trans-formação. In: NÓVOA, António (Org.). *Vidas de professores*. Portugal: Porto Editora 1992, p. 111-40.

NÓVOA, António. Os professores e as histórias da sua vida. In: NÓVOA, António (Org.). *Vidas de professores*. Portugal: Porto Editora 1992, p. 11-30.

SANTOS, Mônica P. e SOUZA, Luciane F. *O papel do professor na construção de uma sociedade inclusiva e de um mercado de trabalho igualitário*. Cadernos Pestalozzi, no prelo, 2002.

SANTOS, Mônica P. dos e PAULINO, Marcos M. Discutindo a organização de uma proposta de educação inclusiva na formação de professores. No Prelo. In: ANAIS do II Colóquio Luso-Brasileiro sobre Questões Curriculares: Currículo: Pensar, Sentir, Diferir. Rio de Janeiro: UERJ, 2004.

SANTOS, Mônica Pereira dos. O papel do ensino superior na proposta de uma educação inclusiva. *Revista da Faculdade de Educação da UFF*, n. 7, maio 2003, p. 78-91.

O professor de Educação Física como agente do processo inclusivo

Ana Patrícia da Silva*

O presente capítulo tem como objetivo discutir, a partir de estudo realizado, se os docentes do curso de Educação Física, de um centro universitário localizado na Baixada Fluminense, no estado do Rio de Janeiro se reconhecem como agentes no processo de inclusão do aluno e se eles fazem a relação entre a inclusão e a Educação Física escolar.

Com o intuito de coletar informações a respeito do campo de interesse do estudo, foi utilizado um instrumento para coleta de dados, no caso uma dinâmica de grupo e observações que embasaram o estudo.

Objetivando caracterizar a formação de professores para o desenvolvimento das culturas, políticas e práticas de inclusão, foi feita uma pesquisa qualitativa, uma vez que não buscamos validade estatística de seus dados, e sim uma análise interpretativa do texto (Bardin, 1977).

O estudo se apresenta em partes distintas que se dispõem da seguinte forma: Inclusão como processo; Construindo culturas, políticas e práticas inclusivas no contexto escolar; Educação Física e inclusão; Objetivos

---

* Licenciada em Educação Física pela Fagam, mestranda em Educação pela UFRJ, professora da UNIABEU, e-mail: uaisoperala@ig.com.br

do estudo; Metodologia utilizada; Dados coletados; Análise dos dados e Considerações finais.

Contudo, não podemos nos esquecer que existem vários aspectos que são de suma importância para que uma prática inclusiva possa ser viabilizada, sempre lembrando que não se pretende esgotar o assunto, apenas levantar algumas reflexões, e que tudo isso pode variar de região para região, de escola para escola, dado que cada realidade é única e deve ser respeitada.

Inclusão como processo

Historicamente, a dialética exclusão/inclusão vem galgando caminhos tortuosos e modificando-se de acordo com a sua época. Desta maneira, pode-se constatar a formação de diversos grupos de excluídos que se modificam a cada dia e compõem uma série de movimentos em favor dos direitos sociais e de participação, buscando minimizar as exclusões que podem ser percebidas nitidamente em muitas situações, de forma velada em outras e muitas vezes até mesmo mascarada:

> "A dialética inclusão/exclusão gesta subjetividades específicas que vão desde sentir-se excluído até sentir-se discriminado ou revoltado" (Sawaia, 1999: 6).

O fato é que os sistemas educacionais modernos causam efetivamente o fracasso das minorias. No entanto, percebe-se que os excluídos foram renomeados de diferentes formas e sob os mais diversos rótulos (*"pobre"*, *"sem condições de sobrevivência"*, *"descamisado"*, *"de famílias desestruturadas"*, *"negligenciados"*, *"portadores de deficiência"*, *"pretos"*, *"doentes"*, *"homossexuais"*, *"descompensados"*, *"retardados"*, *"lentos"* etc...) (Santos, 2000: 47).

Desta maneira, o acesso e a permanência em vários setores da nossa sociedade, entre eles a educação, é bastante complexo, principalmente quando se reconhece que as maiorias das ações políticas e sociais anunciadas no nosso contexto educacional muitas vezes não passam de discursos pomposos, mas que nunca são colocados em prática. O pobre continua sendo constantemente excluído, como nos aponta Gentili dentro do contexto escolar:

> Crianças vindas de famílias pobres são, em geral, as que têm menos êxito, se avaliadas através dos procedimentos convencionais de medida e as mais difíceis de serem ensinadas através de métodos tradicionais. Elas são as que têm menos poder na escola, são as menos capazes de fazer valer suas reivindicações ou de insistir para que suas necessidades sejam satisfeitas, mas são, por outro lado, as mais dependentes da escola para obter sua educação. (Gentili, 2001: 11)

O processo ensino-aprendizagem tornou-se uma das questões que mais tem interessado aos educadores, gestores e famílias, de modo geral. Neste contexto, entende-se como política inclusiva as ações a serem implementadas para garantir a todo o acesso, o ingresso e a permanência nas escolas, sendo essas recomendações explícitas da Declaração Mundial de Educação para Todos (Jomtiem, Tailândia, 1990) e confirmada na Conferência ocorrida em Salamanca (Espanha, 1994), da qual se originou a Declaração de Salamanca.

Constata-se então que a inclusão é processo que vem sendo construído ao longo do tempo, variando conforme suas implicações e necessidades, e não estado. Não existe um estado de inclusão permanente. Toda inclusão é sempre temporária e precisa ser revista de maneira contínua para evitar que os processos e mecanismos de exclusão social retornem.

É neste sentido que Booth & Ainscow (1998, apud Santos, 2002: 113) se referem à "inclusão e exclusão como processos ao invés de eventos", e as definem respectivamente como "processos de aumento e redução da participação de alunos do currículo, da cultura, das comunidades locais e das escolas regulares". Para eles, "qualquer escola real, em qualquer tempo, reflete um complexo interjogo de forças inclusivas e excludentes, atuando em indivíduos e grupos de alunos".

As discussões a respeito da educação no espaço escolar, especificamente da educação inclusiva, são numerosas e significativas, nos últimos dez anos, tais movimentações se transformaram em ações que influenciam e são influenciadas buscando diferentes formas de construção do processo inclusivo no cenário nacional e internacional que resultaram em culturas, políticas e práticas inclusivas que dão subsídio a um novo processo educativo.

> É sem dúvida um dos mais complexos e brilhantes desempenhos do ser homem (e um dos mais apaixonantes também) o esforço de conciliação, nem sempre consciente — mas contínuo — exercido para criar um mundo consistente que não se desfaça a cada instante pela pressão dos irreconciliáveis e pelo efeito destruidor das exclusões. (Fétizon, 1977, apud Teixeira, 2001: 8)

Construindo culturas, políticas e práticas inclusivas no contexto escolar

Atualmente, os fóruns nacionais e internacionais sobre educação, defendem o direito de todos à educação de qualidade, o que supõe a adoção de estratégias e políticas que garantam o desenvolvimento de uma instituição escolar para todos e uma organização de apoio à diversidade, fazendo-se ponte para que o discurso possa se tornar prática. Assim sendo, de acordo com Carvalho (2004)

> todas as crianças, jovens e adultos, em sua condição de seres humanos, têm direito de beneficiar-se de uma educação que satisfaça as suas necessidades básicas de aprendizagem, na acepção mais nobre e mais plena do termo, uma educação que signifique aprender e assimilar conhecimentos, aprender a fazer, a conviver e a ser. Uma educação orientada a explorar os talentos e capacidade de cada pessoa a desenvolver a personalidade do educando, com o objetivo de que melhore sua vida e transforme sua sociedade.

Desta forma pode-se enfatizar a articulação de três dimensões: criação de culturas inclusivas, o desenvolvimento de políticas inclusivas e a orquestração de práticas de inclusão podem garantir a entrada e a permanência de todos dentro da instituição escolar. Segundo Booth et alii (2000, apud Santos, no prelo).

INCLUSÃO EM EDUCAÇÃO

A criação de culturas inclusivas em nossos sistemas [...] e instituições [...] educacionais, remete-nos

...à criação de comunidades estimulantes, seguras, colaboradoras, em que cada um é valorizado, como base para o maior sucesso de todos os alunos. Ela se preocupa com o desenvolvimento de valores inclusivos, compartilhados entre todo o staff, alunos e responsáveis, e que são passados a todos os novos membros da escola. Os princípios derivados nas escolas de culturas inclusivas orientam decisões sobre as políticas e as práticas de cada momento de forma que a aprendizagem de todos seja apoiada através de um processo contínuo de desenvolvimento da escola.

Por sua vez, a dimensão do desenvolvimento de políticas inclusivas refere-se à preocupação em

...assegurar que a inclusão esteja presente no bojo do desenvolvimento da Escola, permeando todas as políticas, de forma que estas aumentem a aprendizagem e a participação de todos os alunos. Considera-se apoio aquelas atividades que aumentem a capacidade de uma escola em responder à diversidade dos alunos. Todas as formas de apoio são consideradas juntas em uma estrutura única, e são vistas a partir da perspectiva dos alunos e seu desenvolvimento, ao invés de serem vistas da perspectiva da escola ou das estruturas administrativas do órgão responsável pela organização da educação.

Por fim, a dimensão de orquestração das práticas de inclusão liga-se à preocupação em fazer com que as práticas das escolas

...reflitam as culturas e políticas de inclusão da escola [e] [...] assegurar que todas as atividades de sala de aula ou extra curriculares encorajem a participação de todos os alunos e baseiem-se em seus conhecimentos e experiências fora da escola. O ensino e o apoio são integrados na orquestração da aprendizagem e na superação de barreiras à aprendizagem e à participação. O staff mobiliza recursos dentro da escola e nas comunidades locais para sustentar uma aprendizagem ativa para todos.

É necessário comentar que tais dimensões não necessariamente tenham que acontecer nesta ordem, mas em várias ocasiões criando uma cultura inclusiva que receba bem a todos, sem discriminações e onde todos façam parte do processo que resulta na formulação de políticas que criem condições para garantir apoio a uma prática adequada que estará assegurada pelas duas dimensões supracitadas.

Educação física e inclusão

A Educação Física carrega consigo marcas de uma história excludente. Já foi vista como meio de preparar a juventude para a defesa da nação, fortalecer o trabalhador ou buscar novos talentos esportivos que representem a pátria internacionalmente.

No entanto, é necessário superar a ênfase na aptidão física para o rendimento padronizado decorrente deste referencial conceitual e caracterizar a Educação Física de forma mais abrangente, incluindo todas as dimensões do ser humano envolvido em cada prática da cultura corporal, como aponta hoje o próprio conceito de Educação Física escolar.[1]

Atualmente, a análise crítica e a busca dessa nova concepção apontam a necessidade de que se considere também a dimensão social, política e afetiva, tão presentes nas pessoas, as quais se interagem e se movimentam como sujeitos sociais e como cidadãos, tem-se a necessidade de reavaliar os conceitos, objetivos, perspectivas e atividades da Educação Física escolar para torná-la mais democrática e menos excludente, como não era difícil de enxergar nas situações do dia-a-dia no cotidiano escolar.

> Eu vivia nas maiores angústias pessoais: de imagem. De não ser nada, de não valer nada, de ser feio — eu era gordo. Também me lembro do professor de Educação Física. Ele entrava, aquele peito enorme, cintura fininha... O que se fazia na Educação Física não era nada. A coisa mais importante das aulas de Educação Física eram as mensurações de desempenho atlético de cada aluno: salto em altura, salto em distância, corrida de 50 metros,

---

1. Entendemos Educação Física escolar como uma prática pedagógica que, no âmbito escolar, tematiza formas de atividades expressivas corporais como: jogo, esporte, dança ginástica, formas estas que configuram uma área de conhecimento que podemos chamar de cultura corporal (Coletivo de Autores. 1992: 50).

corrida de 200 metros, subir numa corda. Para mim era uma humilhação porque eu era gordo e mole. (Dimenstein e Alves, 2003: 26)

O princípio de inclusão foi um dos maiores avanços trazidos pelos Parâmetros Curriculares Nacionais (PCNs) de Educação Física. Uma Educação Física integrada à proposta pedagógica da escola, portanto, com perspectivas educacionais realmente voltadas para a formação do cidadão, precisa ter um olhar voltado para a inclusão (Darido, 2001).

Desta forma, o princípio da inclusão pode ser entendido sobre duas abordagens, que se complementam, mas que acabam sendo originados na mesma questão: o direito de todos à prática das atividades físicas sem discriminação — igualdade de oportunidades, respeito às diferenças.

Em uma delas a inclusão pode ser compreendida pelo acesso irrestrito dos alunos portadores de necessidades educacionais especiais às aulas de Educação Física, no mesmo espaço, na mesma dinâmica que os alunos ditos regulares, "normais".

A outra abordagem compreende o princípio de inclusão como a participação indiferenciada de todos os alunos, independentemente de suas prévias capacidades físicas, sociais ou intelectuais, raça ou gênero. Aqui se pode falar de alunos sem limitações neurológicas, sensitivas ou físicas, congênitas ou adquiridas. Sua diferença pode estar na sua capacidade em lidar com os conteúdos da Educação Física, ou por não estar socializado com este universo, ou por não ser devidamente estimulado, ou, ainda, por não gostar mesmo da disciplina, e ele tem todo o direito de não gostar.

Então pode ser considerada tarefa da educação e, conseqüentemente, da Educação Física

> ensinar a conviver. A vida é convivência com uma fantástica variedade de seres, humanos, velhos, adultos, crianças, das mais variadas raças, das mais variadas culturas, das mais variadas línguas, animais, plantas, estrelas... Conviver é viver bem com em meio a essa diversidade. E parte dessa diversidade são as pessoas portadoras de alguma deficiência ou diferença. Elas fazem parte do nosso mundo. Elas têm direito de estar aqui. (Alves, 2003: 14)

Nestes casos, a inclusão nas aulas de Educação Física tem como objetivo atentar primeiramente sobre o próprio papel da Educação Física, que não é da seleção de talentos atléticos, e de garantir a real participação de todos sem discriminação de nenhum tipo, na aquisição ou na produção de determinado conhecimento. A vivência e a consciência das diferenças. Entretanto, esta não é uma tarefa fácil, pois requer intervenção permanente do professor.

Objetivo do estudo

O presente estudo tem como objetivo verificar se os docentes do curso de Educação Física, de um centro universitário, localizado na Baixada Fluminense, no estado do Rio de Janeiro se reconhecem como agentes no processo de inclusão do aluno e fazem a relação entre a Inclusão e a Educação Física escolar.

Metodologia

Foi realizado um estudo empírico, de caráter descritivo, do ponto de vista da forma de abordagem do problema. Ele se classifica como pesquisa qualitativa, uma vez que foi definida a análise interpretativa dos dados.

Quanto aos objetivos, classifica-se como pesquisa do tipo exploratório, pois os estudos exploratórios permitem ao investigador aumentar sua experiência em torno de determinado problema (Triviños, 1993: 109).

Os sujeitos da amostra constituem um grupo de cinco pessoas, que atualmente são professores regentes no curso de Educação Física em um centro universitário, localizado na baixada fluminense, no estado do Rio de Janeiro. Eles aceitaram, sem resistências e dificuldades, participar do instrumento de coleta de dados (dinâmica de grupo), no qual foi preservado o anonimato dos respondentes.

Pressupondo-se que o sentido de uma pesquisa qualitativa não está na obtenção do maior número de informações iguais, e sim na consistência e variabilidade das respostas, não se buscará uma validade estatística do grupo amostral.

A pesquisa de campo foi realizada por meio da aplicação de uma dinâmica de grupo denominada roda do imaginário.[2] Esta dinâmica visou captar elementos presentes no imaginário dos professores em relação ao problema Educação Física escolar e o princípio da inclusão.

O objetivo de tal técnica foi detectar a relação existente entre a Educação Física escolar e a inclusão e ainda verificar se os sujeitos se reconheciam como agentes do processo inclusivo.

O instrumento justificou-se por oferecer respostas rápidas que, ao serem completadas pelos colegas, deixam de responsabilizar o respondente pelo texto na íntegra. Isso possibilita captar melhor o que passa pelo imaginário.

A análise das respostas oferecidas na dinâmica de grupo foi realizada sob a perspectiva da análise de conteúdo,[3] com três categorias previamente estabelecidas (culturas, políticas e práticas inclusivas).

Dados coletados

Os dados foram obtidos a partir da aplicação da roda do imaginário que se iniciava: *A inclusão é um dos maiores avanços dos PCNs de Educação Física e um dos princípios norteadores da disciplina. Assim sendo, podemos fazer a relação do princípio de inclusão nas aulas de Educação Física escolar da seguinte forma...* e foi completado pelos respondentes.

---

2. A roda do imaginário é uma técnica utilizada pelo grupo de pesquisa do Imaginário Religioso da UFRJ (Lise). Trata-se de uma dinâmica muito simples que utiliza apenas caneta e papel, onde os respondentes são colocados em círculos e recebem uma folha com um pequeno enunciado que deve ser completado em um tempo determinado pelo pesquisador. Após o término deste tempo o pesquisador avisa os respondentes para que eles possam passar o papel para o colega ao lado, no sentido horário, e receber do outro colega o papel e continuar completando o texto.

3. Entende-se por análise de conteúdo o conjunto de técnicas de análise das comunicações. Não se trata de um instrumento, mas de um leque de apetrechos; ou, com maior rigor, será um único instrumento, mas marcado por uma grande disparidade de formas e adaptável a um campo de aplicação muito vasto: as comunicações (Bardin, 1977).

Tabela 1
Descrição das categorias de respostas utilizadas para análise

Categoria	Descrição e exemplos
Culturas	Consideramos uma resposta palavra, frases ou expressões como item cultura, quando ela se referia a valores do lugar, à maneira como os alunos ou professores eram recebidos, desenvolvimento de valores inclusivos.
Políticas	Classificamos nessa categoria as palavras, expressões ou palavras que refletem no nível de decisões institucionais.
Práticas	Nessa categoria, as frases, expressões ou palavras classificadas evidenciam as culturas e políticas de inclusão na escola.

Tabela 2
Categorias, número de respostas e percentual

Categorias	Número de respostas	Porcentagem
Culturas	8	38,1%
Políticas	6	28,6%
Práticas	7	33,3%
Total	21	100%

Análise dos dados

A partir dos dados coletados pôde-se fazer a seguinte reflexão: os professores pesquisados mostram conhecer a dimensão da cultura inclusiva, mesmo reconhecendo que alguns deles não tiveram uma formação direcionada por este caminho. Isto se justifica se tomarmos como base os currículos onde tais professores foram formados, pois até então a Educação Física não se preocupava em participar da formação dos alunos, já que tinha como preocupação exclusiva o desempenho físico. Contudo, deve-se levar em consideração que os PCNs, que trouxeram a inclusão para ser trabalhada no cotidiano das aulas de Educação Física escolar, datam de 1998, o que se refletiu em mudanças na formação dos profissionais que estão atuando hoje em nosso mercado de trabalho.

No entanto, pode-se dizer que o aprendizado dessa cultura pode ter ocorrido não só dessa maneira, mas para aqueles professores que já estavam atuando profissionalmente a aquisição dessa nova cultura pode ter ocorrido: por meio de atualização dos profissionais, oferecida pelas instituições onde trabalham, por leituras próprias, por experiências cotidianas buscando estar em sintonia com o projeto político pedagógico das instituições nas quais trabalham.

Na dimensão política, um dos aspectos que chamou bastante atenção foi o aparecimento de uma preocupação com um currículo que possa subsidiar a formação com orientações inclusivas, fazendo a quebra de paradigmas com a Educação Física tecnicista, autoritária e muitas vezes ainda militar.

Percebe-se também que os respondentes apontam para que as medidas políticas não devam ser aplicadas apenas dentro do espaço escolar, mas que ultrapassem o espaço da sala de aula.

Já a dimensão prática aparece como anseios a serem praticados, que possam ser assegurados pela criação de uma cultura e de uma política que garantam a entrada e a permanência do aluno na universidade e ainda para que possam ser desenvolvidas, no campo da Educação Física, novas metodologias de trabalho que levem em conta as experiências discentes e ainda passando pela mudança de postura do professor que a cada dia poderá ensinar e ser ensinado, considerando todas as diferenças não como prejuízo ao grupo, mas como soma na aprendizagem.

Considerações finais

Ao longo deste estudo, propusemo-nos a mostrar a inclusão como processo e a verificar se os docentes do curso de formação de professores de Educação Física, de um centro universitário, localizado na baixada fluminense, no estado do Rio de Janeiro, se reconhecem como agentes no processo de inclusão do aluno, fazendo a relação entre a Inclusão e a Educação Física escolar.

Pudemos perceber que estamos caminhando rumo a uma educação inclusiva mesmo sem termos o processo bem claro em nossos planejamentos. É fato que compreendemos a importância e queremos a inclusão, não como providência política e educativa, e sim como processo a ser acompanhado em todas as suas manifestações.

Isto ficou bastante claro com os dados obtidos no estudo. De acordo com os professores pesquisados, de maneira indireta eles se reconhecem como agentes desse processo e demonstram claramente conhecer a cultura inclusiva (38,1%), podendo ser usado como exemplo *"a forma inclusiva do pensamento institucional"*; também mostram conhecer, mesmo sem grande subsídio, as políticas (28,6%) que deveriam dar suporte a esse processo, que podemos exemplificar com: *"a dificuldade está principalmente na formação e assim pode-se pensar em transformação"* e ainda *"na formulação dos currículos escolares, que proporcionam métodos e recursos para inovação, adaptação e inclusão do corpo discente"*, que demonstra que eles, enquanto professores que atuam formando docentes, não se encontram alienados, mas reconhecem e apontam as dificuldades.

Por sua vez a prática (33,3%) na formação dos professores de Educação Física teve uma grande mudança. Hoje, não se busca mais formar atletas ou mesmo moldar corpos, a performance física não é mais eixo principal das aulas, e isso faz com que sua prática busque: *"metodologias que valorizem a participação"*, *"promoção de experiências"*, entendimento que *"respeitar as diferenças é uma das maiores dificuldades do meio acadêmico"* e finalmente uma *"mudança de postura do professor"*, pois os tempos mudaram e a Educação Física evoluiu. Encontra-se agora como disciplina, não mais simplesmente como uma atividade, e busca formar o cidadão trabalhando em consonância com o projeto político pedagógico da escola.

Bibliografia

ALVES-MAZZOTTI, Alda Judith. O *método nas ciências naturais e sociais*: Pesquisa quantitativa e qualitativa. São Paulo: Pioneira, 1998.

ALVES, Rubem. *Conversas sobre educação*. Campinas: Versus, 2003.

BARDIN, Laurence. *Análise de conteúdo*. Lisboa: Edições 70, 1977.

CARVALHO, Rosita Eldler. *Educação Inclusiva com os pingos nos is*. Porto Alegre: Mediação, 2004.

CARVALHO, Rosita Eldler. Inclusão, educação para todos e remoção de barreiras para a aprendizagem. *Tecnologia Educacional*, v. 30(155), out./dez. 2001.

BRASIL. Ministério da Educação e do Desporto. Secretaria de Educação Fundamental. *Parâmetros Curriculares Nacionais*: Educação física. Brasília: MEC/ SEF, 1998.

COLETIVO DE AUTORES. *Metodologia do ensino de Educação Física*. São Paulo: Cortez, 1992.

DARIDO, Suraya Cristina. A Educação Física, a formação do cidadão e os parâmetros curriculares nacionais. *Revista Paulista de Educação Física*, 15(1):17-32, jan./jun. 2001.

DIMENSTEIN, Gilberto & ALVES, Rubem. *Fomos maus alunos*. 2. ed. Campinas: Papirus, 2003.

FERREIRA, Maria Elisa Caputo; Guimarães, Marly. *Educação inclusiva*. Rio de Janeiro: DP&A, 2003.

GENTILI, Pablo. *Pedagogia da exclusão*: Crítica ao neoliberalismo em educação. 8. ed. Petrópolis: Vozes, 2001.

SANTOS, Mônica Pereira. Desenvolvendo políticas e práticas inclusivas "sustentáveis": Uma Revisita à Inclusão. *Educação em Foco*, v. 4, n. 2, set./fev. 1999-2000, p. 47-56

SANTOS, Mônica Pereira dos et alii. *Educação inclusiva*: Redefinindo a Educação Especial. Cadernos Pestallozzi, no prelo.

SAWAIA, Bader. *As artimanhas da exclusão*: Análise psicossocial e ética da desigualdade social. Petrópolis: Vozes, 1999.

TEIXEIRA, Maria Cecília Sanchez. *O imaginário como dinamismo organizador e a educação como prática simbólica*. IV Encontro de Pesquisa em Educação do Centro-Oeste, UnB, 2001, mimeo.

TRIVIÑOS, Augusto M. S. *Pesquisa em ciências sociais*. São Paulo: Atlas, 1993.

O Coordenador Pedagógico como Agente para a Inclusão

*Cristina Nacif Alves**

Inclusão social: o desejo para a transformação

A história da humanidade é posta em movimento pelas necessidades e pelos desejos dos que dela fazem parte. Refletir sobre tais necessidades e desejos que emergem das práticas culturais é provocar conscientemente a gênese do amanhã, do futuro. Assim, deve estar posicionada a ação efetiva dos educadores, cujo objetivo é a formação tanto dos sujeitos como das novas possibilidades de ação.

A transformação das práticas culturais e o compromisso dos educadores na construção das culturas podem ser compreendidos segundo a relação que Foucault (2000) estabelece entre saber e poder. Para ele, a questão do poder move-se por dúvidas e inquietações. O desejo é o estruturante do poder. Assim sendo, compreende-se facilmente que quando a relação entre saber e vontade de saber põe-se em ação, surge a busca por explicações sobre formas de saber, suas origens e suas funções. Essa dia-

---

* Pedagoga, psicanalista, especialista em desenvolvimento e aprendizagem, mestranda em Educação/UFRJ.

lética possibilita a criação das tecnologias do saber — discursos científicos — que se constituem no curso da história.

Desse modo, se a história nos aponta a forma como foram constituídos os saberes formadores de opiniões e de práticas, sua apreensão só pode se dar na abrangência de todas as suas dimensões — culturais, políticas e práticas —, revelando a importância dessa investigação, sob a ótica sócio-histórica, para a análise e a superação dos problemas educacionais. Nesse contexto, faz-se necessária a verificação dos entraves e das barreiras para a construção de uma *cultura inclusiva*, que, conforme nos aponta Santos (2003: 81), deve ser

"entendida não como uma nova metodologia, mas sim em seu sentido político mais amplo, como um paradigma educacional, um conjunto de princípios que vem progressivamente sendo defendido em documentos oficiais nacionais e internacionais e em experiências pedagógicas, como forma de alcance de relações mais igualitárias nas sociedades e como forma de combate a práticas excludentes".

A prática cultural com orientação inclusiva requer o questionamento da estrutura organizacional da educação, especificamente, e da sociedade, de modo geral. Ao questionar a organização atual somos forçados a assumir um posicionamento frente à realidade, criando a demanda por uma nova estruturação.

O movimento de reestruturação gera conflitos, tensões e contradições que precisam ser enfrentados na sua orientação prática. Nesse momento, revelam-se as concepções teóricas e as visões de mundo reguladoras das práticas presentes tanto na escola como na vida.

O perceber, o sentir, o pensar e o agir são construídos nas práticas culturais. Uma prática cultural inclusiva requer perceber a diferença e a discriminação, tomando-as como parte de nós mesmos. Solicita também refletir sobre elas, estabelecendo relações e definindo intencionalidades e finalidades, para que se possa romper com o que aí está e, ao mesmo tempo, irromper uma nova cultura: a da inclusão.

Como bem nos aponta Sawaia (2002), para a criação de culturas, políticas e práticas inclusivas temos que considerar e investigar, profundamente, a dialética inclusão/exclusão, que gera formas de sentir, de pensar e de agir que vão desde o estar incluído, fazer parte, ter acesso, até o ser rejeitado, sentir-se rechaçado, ter o acesso negado. Essas maneiras de sentir o mundo e de sentir-se no mundo "determinam e são determinadas por formas diferenciadas de legitimação social e individual, e manifestam-se no cotidiano como identidade, sociabilidade, afetividade, consciência e inconsciência" (Sawaia, 2002: 9).

> Em síntese, a exclusão é processo complexo e multifacetado, uma configuração de dimensões materiais, políticas, relacionais e subjetivas. É processo sutil e dialético, pois só existe em relação à inclusão como parte constitutiva dela. Não é uma coisa ou um estado, é processo que envolve o homem por inteiro e suas relações com os outros. Não tem uma única forma e não é uma falha do sistema, devendo ser combatida como algo que perturba a ordem social, ao contrário, ela é produto do funcionamento do sistema.

Partindo dessa concepção de funcionamento, não dá para fugir da responsabilidade e do lugar de cada um de nós no referido sistema. Educadores, principalmente, por seu papel de formadores, têm que tomar para si a responsabilidade pelo futuro da humanidade e ocupar um lugar efetivamente consciente no direcionamento do futuro. Nenhuma tecnologia, por mais avançada que seja, é competente, por si só, para garantir as mudanças necessárias ao processo de inclusão social, se não estiverem, ética, consciente e concretamente, associadas às práticas cotidianas dos agentes sociais.

Os recursos humanos disponíveis nas mais diferentes áreas de atuação, de saberes e de poderes, precisam estar atentos para uma questão: sob que valores se pretende construir o amanhã? O resultado dessa reflexão poderá apontar para a construção de uma sociedade menos injusta, excludente e desigual. Aqui, podem ser ressaltados temas relevantes para o enfrentamento dos problemas educacionais com vistas à inclusão social, como: as escolhas teóricas e as concepções que fundamentam as práticas sociais, revelando o compromisso político que elas significam e desvelando sua emergência histórica.

O educador que se posiciona no lugar proposto por Foucault (2000), da procura inquieta pelo saber, está imprimindo uma relação de poder, de poder de mudança. Mudança não só para perceber a desigualdade fundada pela exclusão, mas para nomear essa exclusão como algo inaceitável, rejeitando toda e qualquer forma de exploração ou de injustiça que aniquile o sujeito, imprimindo, assim, a transformação da diferença do ser e do estar no mundo em algo passível de convivência. Não concordar com alguma coisa é posicionar-se contra, é criar mecanismos capazes de modificar o estado daquilo com o que não se está de acordo, é conceber de outra forma.

As concepções reveladas no discurso engendram as práticas, como diz Foucault (2000). A produção do discurso é regulada por procedimentos que funcionam como sistemas de exclusão, pondo em jogo mecanismos de controle social e psicológico, constituindo-se em tecnologias de dominação que acabam por se difundir na totalidade do tecido social (escola, trabalho, comunidade, família etc.). Nesse ponto, vemos a importância dos saberes construídos pelas chamadas ciências sociais e humanas, que ao dispor de técnicas de pesquisa, desenvolver métodos de análise, produzem novas formas de pensamento e de ação no mundo, que irão interferir em campos conceituais consolidados, desfazendo crenças e conceitos, e, com isso, determinar novas marcas e novos paradigmas. E serão os agentes sociais os direcionadores das novas possibilidades de ação, pois, ao mesmo tempo em que atribuem a produção de verdades sobre as coisas, ajustam as práticas às regras do discurso, constroem a sociedade — a cultura sob a qual se baseiam nossas ações. Isso é o que podemos denominar de construção de sentidos, que emigram, pouco a pouco, para a pedagogia e para a educação, para as relações entre adultos e crianças, para as relações familiares, para o trabalho, para a medicina, enfim, para todo o tecido social. Assim, passamos a controlar pensamentos e ações, oriundas de todas as partes, de cada relação entre os sujeitos. Essas relações são dinâmicas, móveis, caracterizando-se como *força/poder* para construir ou destruir sistemas e esquemas de dominação, sendo o âmago de qualquer transformação social e individual.

Acredito que, como sujeitos sociais e educadores, temos o dever e somos agentes capazes de transformar a realidade da escola que, hoje, se apresenta de forma tão injusta e negativa para com os excluídos, sejam eles pobres, negros, deficientes, não-alfabetizados, repetentes... Nenhum sujeito, criança, jovem, adulto ou idoso pode deixar de se desenvolver e agir no mundo com todo o seu potencial criativo. Falando mais precisamente do aluno — aquele que por nós é formado —, nenhum pode deixar de se desenvolver plenamente. E se tomarmos para nós a crença de que toda criança pode aprender, somos levados a assumir uma concepção de aprendizagem que não espera por estágios de desenvolvimentos padronizados para se fazer presente, mas que se adianta ao desenvolvimento, impulsionando-o, sempre, para a frente, reconhecendo em cada educando um ser diverso dos demais, capaz de avançar continuamente. Nesse sentido, o educador[1] assume um lugar decisivo, eminentemente interativo, em que sua atuação junto ao aluno[2] será a responsável por engendrar as aprendizagens necessárias ao pleno desenvolvimento do sujeito.

Se conseguirmos transformar o conceito de aprendizagem de forma a entendê-lo com o resultado das interações sociais, estaremos avançando no processo de inclusão, à medida que nossa ação como cidadão(ã) e educador(a) será a de garantir trocas significativas entre os sujeitos e a de promover práticas co-construtoras de saberes, por meio da participação interativa e dialógica dos envolvidos.

Nesse contexto, se insere a importância da formação na produção de concepções de educação, de ensino, de aprendizagem, de homem, de sociedade que viabilizem a efetiva apropriação dos conhecimentos por parte dos alunos e que estes possam ler o mundo de forma consciente, reconhecendo nas suas intencionalidades um instrumento de interferência e de transformação dos fatos e das coisas. E a linguagem é o principal veículo para que tal formação se realize.

O espaço de formação

Há mais de dois anos venho desenvolvendo um trabalho de formação com aproximadamente sessenta coordenadores pedagógicos (CPs)[3]

---

1. O termo educador, aqui, é usado para fazer referência àquele que é responsável pela formação.

2. O conceito de aluno se refere ao sujeito que está em formação.

3. Posteriormente, serão usadas abreviações para aludir aos conceitos de coordenadores pedagógicos (CPs) e coordenador pedagógico (CP).

do ensino fundamental da rede pública municipal da cidade do Rio de Janeiro, a partir do curso "Leitura e escrita: formação de professores e constituição de sujeitos", cujo objetivo é produzir marcas significativas na construção de uma educação inclusiva que garanta a qualidade da educação para todos os alunos.

Desde o primeiro encontro foi proposto pensar o espaço de formação como possibilidade de mudança, no qual o que fosse discutido, estudado e apreendido pelos CPs durante o curso "Leitura e escrita", pudesse atingir a prática pedagógica dos professores — objetos e sujeitos da atuação prática dos CPs, cuja função inclui a formação em serviço dos professores de sua unidade escolar —, para que os alunos da rede regular de ensino se beneficiassem de forma a se apropriar dos conteúdos escolares, diminuindo, assim, os níveis de fracasso na escola. A partir daí surgiram questões como ponto de partida para a reflexão sobre o que fazer e como fazer: quais os caminhos a serem seguidos? Que propostas adotar para que os CPs materializem suas aprendizagens na sua prática profissional junto aos professores e alunos das escolas onde atuam? Como garantir que o conteúdo do curso em questão afete a escola como um todo?

Antes de tentar responder a essas questões, é necessário um breve comentário sobre a maneira como a formação dos profissionais em educação tem sido caracterizada. Os termos e até mesmo os nomes dos cursos de formação profissional/docente são reveladores de uma concepção própria de formação. Quando fazem referência à formação como reciclagem, podem estar comparando os saberes dos profissionais em formação com o que se descarta do uso de determinados produtos, cujo resultado final é o reaproveitamento, podendo sugerir que o que se sabe, o que se faz ou o que se diz deve ser descartado para que um outro saber, um outro fazer possa emergir. Quando se trata de produto de consumo, essa forma de pensamento não é inadequada. Porém quando se trata de uma prática social, no caso a educação, corre-se o risco de anular o caráter histórico do saber e do fazer.

Outra denominação muito freqüente para a formação é a de capacitação. Da mesma forma, esta conceituação traduz uma visão bastante específica sobre o que deve ser o espaço de constituição dos saberes. Capa-

INCLUSÃO EM EDUCAÇÃO

citar, segundo o sentido dicionarizado, significa tornar capaz, habilitar, convencer, persuadir. Assim, capacitar profissionais é (pode ser) dizer que não são capazes, que não sabem, não conhecem. Isso revela uma concepção de conhecimento baseada na transmissão.[4]

Tentando contemplar o caráter sócio-histórico do conhecimento — cuja origem está na base das interações verbais fundadas entre os indivíduos num tempo e num espaço específico, revelando uma ideologia e uma visão de mundo que justificam e fundamentam as ações procedentes, que por sua vez têm raízes nas ações e discurso precedentes —, o atual curso destinado aos CPs dá um salto qualitativo no que se refere à construção do conhecimento. Seu próprio nome expressa essa direção — "Leitura e escrita: formação de professores e constituição de sujeitos". O curso para coordenadores pedagógicos foi estruturado a partir da demanda apresentada pelo grupo de CPs no que se refere à prática junto aos professores. A dinâmica do curso apresenta um caráter de análise, de reflexão e de articulação dos desafios impostos pelo cotidiano escolar, tendo como foco de atenção a formação do professor numa perspectiva interdisciplinar, a qual favorece a compreensão do entrelaçamento entre ensino e aprendizagem e dos papéis exercidos pelo corpo docente de forma articulada com o papel do coordenador pedagógico. O curso "convida os CPs a refletirem com seus pares as possibilidades de atuação integrada, articulada e planejada com o professor e alunos de sua unidade escolar" (Carta aos CPs, março de 2004).

Nesse sentido, a formação no curso "Leitura e escrita" é pensada como produção de cultura e de sentidos capazes de abarcar o sentir, o penar e o fazer como produto das interações dialógicas entre os sujeitos.

---

4. Cuja raiz se encontra na concepção moderna de educação, fundada na lógica do Renascimento, para assegurar que a suposta ignorância e a irracionalidade do homem pudessem ser supridas a partir da contribuição das descobertas e dos conhecimentos que os filósofos e teóricos da época deixavam registradas nas enciclopédias. Desde o Renascimento, a religião, suporte do saber, sofre diversos abalos. O universo medieval era geocêntrico, finito, esférico, hierarquizado. No entanto, no século XVII, Galileu propõe a retomada da teoria de Copérnico sobre o movimento da Terra — teoria heliocêntrica. Nesse momento, a consciência medieval de "mundo fechado", centralizado, cede lugar a uma concepção de "universo infinito". O que passa a ser questionado não é apenas o lugar do mundo, mas também o lugar do homem no mundo.

Desde a primeira ação do curso, o objetivo dos encontros tem girado em torno da formação dos CPs, voltada para a participação efetiva junto ao enfrentamento dos problemas e entraves ocorridos no cotidiano escolar. Temos tido o cuidado de discutir o material teórico com vistas à materialização dos conteúdos estudados na prática de cada um dos participantes, uma vez que o espaço da formação em Educação só ganha sentido quando implica mudanças que atinjam os alunos.

Muito se tem ouvido falar em dar voz ao profissional da Educação para que a expressão de sua prática alcance novas formas de operacionalização. No entanto, dar voz ao professor não é apenas ouvi-lo no que ele tem a dizer, a reivindicar, mas, sobretudo, tomá-lo como sujeito produtor de visões de mundo, de saberes, de cultura. Essa postura provoca uma tomada de atitude inteiramente nova, pois à medida que o profissional da Educação expressa suas concepções de mundo, de educação, de ensino, de aprendizagem, ele é obrigado a se comprometer com ela (caso seja representante de seu desejo), tornando-se um sujeito crítico capaz de refletir sua própria prática, interferindo nela sempre que necessário.

A proposta de formação que caracteriza o grupo em questão, composto por mim e pelo total de CPs, não está centrada na transmissão de conteúdos, mas envolve formas textuais em que é dado ao CP o lugar de autor, onde o que se diz reverte no que se faz. A expectativa é a de que os CPs se apropriem de modos de pensar e agir que sejam facilitadores das relações que eles travam no cotidiano escolar com seus pares. Para isso, o espaço da formação solicita suas vozes, seus olhares, suas intenções, seus gestos que, certamente, são materializados nas suas falas, nas suas visões de mundo, nas suas concepções, nas suas escritas, nos seus fazeres, por meio de produções orais e escritas, de trocas de experiências e de relatos, de estudos de caso.

A metodologia adotada por nós busca incorporar a interlocução entre os saberes acadêmicos e as práticas cotidianas presentes na escola, o que impõe um diálogo que passa tanto pela oralidade dos CPs — troca e relato de experiências, posicionamentos e questionamentos sobre o tema em relevo — quanto pelas produções escritas destes, uma vez que a cada encontro são solicitadas sínteses sobre o que foi dito, apreendido e proposto como desmembramento prático. Espera-se também que esse diálogo constante se realize entre os CPs, os professores, os alunos e os demais envolvidos no processo educacional no âmbito da escola.

Assim, pode-se destacar que a linguagem tem sido nosso principal instrumento de estudo e de pesquisa, já que é justamente ela que traduz o que ocorre nas práticas de formação — tanto as que dizem respeito aos CPs como aos professores e alunos.

Nesse sentido, tem sido solicitado dos CPs uma produção escrita para que o seu pensar possa ser instrumento de transformações efetivas e concretas rumo à melhoria da educação. Pode-se dizer, então, que no momento em que se escreve, se afirma o que se pensa, ao mesmo tempo em que se abrem caminhos para a avaliação permanente e a reorientação das ações posteriores, caracterizando uma prática de pesquisa. Um bom exemplo de como a escrita (linguagem) ajuda a organizar o pensamento e a ação está no relato de uma das CPs, que ao descrever uma experiência de trabalho sobre dar voz ao aluno para tentar compreender as manifestações de "violência" e indisciplina, envolvendo professor e alunos de uma turma de progressão,[5] escreve (relata):

> Durante o trabalho desenvolvido na progressão, achei que nada tivesse feito. Fiquei ouvindo o que eles (alunos) tinham a dizer e me senti insegura para lidar com tantas idéias sobre violência. Estimulei-os a pensar de outras maneiras. Mas me senti num vazio, acho que eu queria fechar ou concluir com uma única verdade, uma única idéia, fechando o que é bom, o que é ruim, o que é certo, o que é errado. Queria ensinar-lhes como deveriam ou não agir. Mas me contive e ouvi o que tinham a dizer sobre a vida. Essa nova posição me incomodou e senti-me como se nada tivesse feito e nada ensinado. Agora, ao escrever esse relato, sinto-me diferente. Consigo ver que esse é o caminho que ouço falar nos livros, ou seja, ver o olhar desses alunos no mundo, suas maneiras de ler a vida e a partir daí lançar perguntas que os façam pensar e falar, pensar e agir de forma diferente. Não definir, não dar respostas prontas, deixar fluir, ir aprofundando, deixando que as

---

5. Modalidade de turma, da rede regular de ensino do município do Rio de Janeiro, oriunda do final do primeiro ciclo, cujas aprendizagens de leitura e escrita não foram alcançadas.

transformações aconteçam em suas falas e que as contradições floresçam. Esse é o caminho que agora vejo nas palavras, a possibilidade de balançar as velhas certezas e construir outras novas.

Essa emocionante narrativa aponta para o que Vygotsky e Bakhtin defendem nas suas teorias sobre a linguagem. Vygotsky (1989: 105) diz: "A partir das generalizações, o pensamento verbal eleva-se ao nível dos conceitos mais abstratos. Não é simplesmente o conteúdo de uma palavra que se altera, mas o modo pelo qual a realidade é generalizada e refletida em uma palavra". E Bakhtin (1992: 62): "A compreensão de cada signo, interior ou exterior, efetua-se em estreita ligação com a situação em que ele toma forma. [...] essa situação é sempre uma situação social".

Assim, a formação dos CPs realiza-se de forma que [os CPs] possam assumir o lugar de investigadores ativos diante dos saberes que se apresentam, deixando de lado a passividade exigida pela prática de transmissão de conhecimentos tão comum nas ações formativas e tão amplamente difundidas nas ações juntos aos alunos. Se a pretensão é a de que os CPs impulsionem uma mudança em relação à concepção ensino-aprendizagem presente atualmente na escola, é preciso que sua formação seja concretizada em bases inteiramente novas, capaz de servir de fundamento para a formação que se dará entre os CPs e os professores e entre os professores e seus alunos.

A teoria sócio-histórica concebe a aprendizagem e o desenvolvimento como processos contínuos, que apontam para mudanças no contexto social, tanto da sala de aula como fora dela. Considerando que tanto a aprendizagem quanto o desenvolvimento são processos de apropriação das experiências acumuladas na cultura e tomando o contexto escolar como pano de fundo para o de reflexão, esse trabalho tem como objetivo analisar e refletir as concepções de educação, de ensino, de aprendizagem, de desenvolvimento presentes nas práticas dos CPs, bem como a construção de novas representações embasadas nas teorias de Vygotsky e Bakhtin sobre a importância das interações verbais na construção das subjetividades.

A seguir, discutirei a importância da linguagem para a formação dos sujeitos na perspectiva de autores como Bakhtin e Vygotsky. Vygotsky propõe uma teoria sócio-histórica do desenvolvimento e da aprendizagem, postulando que o pensamento e ações humanas são mediados pela linguagem. Bakhtin atribui à linguagem a função de organização e constituição dos sujeitos, ressaltando o discurso como determinante das relações entre os interlocutores em toda e qualquer interação. Assim, os postulados dos autores relacionam a linguagem como agente construtor de conhecimentos e impulsionador das transformações das práticas sociais, fornecendo as bases para a elaboração desse trabalho.

O modelo e o referencial teórico de Vygotsky: uma nova abordagem para a formação dos sujeitos

A perspectiva trazida por Vygotsky é a do sujeito compreendido como ser social, que se constitui na e pela cultura, em determinado momento e contexto históricos, sendo os modos de ação, a consciência e a subjetividade humanas produtos das relações interpessoais, a partir de determinadas condições sociais, culturais e históricas.

A história é produzida pela forma como os sujeitos pensam, agem, conservam ou transformam o sentido dado pelas relações sociais estabelecidas nas interações com o meio e com outros sujeitos, produzindo idéias e representações, a partir das quais procuram explicar a realidade. Assim, a história só pode ser compreendida no plano das relações sociais entre os sujeitos, em função das condições concretas de sua realização. Então, cada atitude individual foi, um dia, uma atitude entre sujeitos.

A compreensão do plano individual humano reside no âmbito das relações sociais enquanto processos históricos. Entretanto, o aspecto histórico ressaltado não corresponde a uma concepção histórica de sucessão de fatos no tempo ou de evolução das idéias, mas ao modo como os homens concretos, em condições objetivas, criam os mecanismos de ação e as expressões culturais de sua existência social, podendo criar e recriar, reproduzir e transformar o social, o político, o econômico e o cultural.

O modelo sócio-histórico de Vygotsky estabelece uma nova relação entre sujeito e objeto no processo de construção de conhecimentos, fornecendo novas bases para a compreensão do desenvolvimento do psiquismo humano, fundado no plano da cultura.

Para Vygotsky, os fenômenos tipicamente humanos, como a consciência e a linguagem, só podem ser explicadas como produto das relações que se estabelecem num processo de desenvolvimento profundamente enraizado nas histórias individual e coletiva. Então psiquismo humano, as formas de pensar e agir são concebidos como uma produção social, resultante da apropriação, por parte dos sujeitos singulares, das produções culturais.

Nessa abordagem, o homem é o produto da relação dialética entre o corpo e a mente, entre o biológico e o social. Assim, as funções psíquicas superiores emergem no plano das relações entre os sujeitos.

Para Vygotsky, os processos psíquicos do indivíduo são constituídos a partir da internalização de relações entre os sujeitos sociais. A ação humana está baseada na cooperação entre os indivíduos. E as formas como os homens participam e atuam na vida determina o que pensam. A partir da experiência social, conceitos são internalizados, permitindo identificações e diferenciações que constituirão a singularidade, a identidade do sujeito.

> Todas as funções do desenvolvimento da criança aparecem duas vezes: primeiro, entre pessoas (interpsicológica), e, depois, no interior da criança (intrapsicológica). Isso se aplica igualmente para a atenção voluntária, para a memória lógica e para a formação de conceitos. Todas as funções superiores originam-se das relações reais entre indivíduos humanos. (Vygotsky, 2000: 75)

A internalização não é um processo mecânico de transposição da ação externa para o interior do indivíduo, mas é sempre mediada por ações partilhadas. Portanto, o homem só pode ser concebido como ser social, e a linguagem torna-se o principal instrumento das interações sociais, justamente o que nos possibilita pertencer a uma cultura.

O significado é um componente essencial da palavra e é ao mesmo tempo um ato de pensamento, pois o significado de uma palavra já é em si a generalização de um conceito. É no significado que se encontra a unidade das duas funções básicas da linguagem: o intercâmbio social e o pensamento generalizante. São os significados que possibilitam a mediação simbólica entre o indivíduo e o mundo real, constituindo-se no filtro por meio do qual o sujeito é capaz de compreender o mundo e agir sobre ele.

Os significados são construídos ao longo da história dos sujeitos com base nas suas relações com o mundo físico e social, encontrando-se, portanto, em constante transformação, tanto na história de uma língua e como na história do sujeito, segundo o processo de aquisição da linguagem pelo sujeito:

> "O problema do pensamento e da linguagem estende-se, portanto, para além dos limites da ciência natural e torna-se o problema central da psicologia humana histórica, isto é, da psicologia social". (Vygotsky, 1989: 44)

A cultura é a condição essencial para a existência humana, a principal base de sua especificidade. Ou seja, não existe natureza humana sem cultura. Nesse sentido, a cultura funciona como um centro produtor de mecanismos de controle para conduzir comportamentos. O homem não só cria signos como também é controlado por eles. Os sistemas de símbolos significantes (linguagens, arte, mito, rituais, mídias e sistemas de signos da cultura contemporânea) tornam-se sistemas de retroalimentação, de controle e de organização da própria natureza humana.

Assim sendo, o homem é um ser inacabado, em constante devir e em busca de acabamento. Por isso precisa aprender para poder operar o mundo, precisa aprender para se desenvolver e transformar o mundo e a si próprio. Essa noção interfere em campos conceituais estáveis, desfazendo crenças e distinções, como a polêmica oposição entre o que é natureza e o que é cultura.

Para Vygotsky, os fenômenos tipicamente humanos só podem ser estudados tendo em vista a compreensão de que as funções psíquicas superiores são o produto das relações entre sujeitos sociais e da apropriação das produções culturais, oriundos da ligação estreita entre história individual e coletiva.

Procurando explicar os modos de participação do outro na construção dos processos individuais e na transformação do funcionamento psíquico interpessoal em intrapessoal, Vygotsky introduz uma nova explicação sobre o processo de desenvolvimento, a partir do conceito de zona de desenvolvimento proximal, oferecendo uma concepção que irá ocupar uma posição fundamental nos debates sobre a relação entre o desenvolvimento e a aprendizagem da criança.

Para Vygotsky, o desenvolvimento ocorre em dois níveis: o desenvolvimento real que se refere àquele já alcançado, caracterizado pela independência nas ações — tudo aquilo que a criança faz de forma autônoma; e o desenvolvimento potencial, que se relaciona às competências em vias de ser conquistadas — aquilo que o sujeito ainda não é capaz de realizar de forma independente, necessitando da participação e da colaboração de outras pessoas.

O conceito de zona de desenvolvimento proximal (ZDP) indica a distância entre os dois níveis de desenvolvimento humano — o real e o potencial. Mas para transformar o que é potencial em real faz-se necessária a instauração de um espaço de ações partilhadas, pois é na interação com outros sujeitos que se adquire a capacidade de internalização de conceitos, de organização do real e de regulação interna das ações.

O desenvolvimento da criança é visto, aqui, de forma prospectiva, uma vez que a zona de desenvolvimento proximal define as funções psíquicas superiores que ainda não se concretizaram no plano da independência, embora estejam presentes em estado embrionário.

O conceito de ZDP traz implicações decisivas e transformadoras para os critérios de avaliação diagnóstica e para a ação pedagógica, enfatizando que é na interação — e através dela — que a criança consegue solucionar os problemas que ainda não tem condições de resolver sozinha. É justamente nesse momento — o da interação com o outro — que o desenvolvimento potencial aparece, colocando em movimento vários outros processos de desenvolvimento que, sem a ajuda de um interlocutor, seriam impossíveis de se perceber:

> "Aquilo que é zona de desenvolvimento proximal hoje, será desenvolvimento real amanhã — ou seja, aquilo que uma criança pode fazer com assistência hoje, ela será capaz de fazer sozinha amanhã". (Vygotsky, 2000: 113)

A partir dessas colocações, é possível pensar uma psicologia social, fundada e elaborada na compreensão de que o comportamento humano é fruto da ação educativa — seja no campo da educação formal das escolas, no da formação iniciada no seio familiar ou no da prática terapêutica — inserida no momento da interação e da interlocução entre os sujeitos.

O espaço dialógico pensado por Vygotsky baseia-se no pressuposto de que não há essência humana imutável. Investiga a construção da identidade do sujeito na interação com o mundo, na relação com outros sujeitos, explicando como a cultura torna-se parte da natureza humana a partir de um processo histórico que influencia o funcionamento psicológico.

Assim, a relação com o mundo é sempre mediada. Não há acesso imediato aos objetos, mas sim a sistemas simbólicos que os representam, razão pela qual à linguagem é atribuído papel de destaque, como sendo o instrumento que se interpõe entre o sujeito e o objeto, a partir da experiência significativa.

Para que esse contexto possa ser vislumbrado na prática não se pode deixar de ressaltar dois importantes aspectos: a) todo o professor necessita de formação constante para atuar junto aos alunos; b) os sistemas educacionais precisam tomar para si a responsabilidade de romper com as barreiras às aprendizagens, buscando o enfrentamento e a superação destas.

Visto isso, coordenadores pedagógicos, professores, alunos, comunidade, gestores, administradores etc., incorporando a luta pela inclusão como algo de relevância para a melhoria de vida no planeta, e como fundamental função da escola a garantia de acesso ao conhecimento e a construção de práticas cidadãs, as contribuições da perspectiva sócio-históricas de Vygotsky se fazem presentes na concretude das relações pedagógicas e educacionais — espaço potencial de formação.

Dialogismo em Bakhtin

O pensamento de Bakhtin está centrado na linguagem, cujo método de análise é a dialética. Sendo o dialogismo o conceito que permite conceber a linguagem como o princípio constitutivo de todas as relações, tal concepção dialógica confere destaque ao fator coletivo e social da produção de idéias e textos. O homem não existe isolado. Sua experiência de vida entrecruza-se com a do outro. Assim, a relação dialógica não pode ser pensada como autônoma e independente, pois as palavras de um estão inteiramente ligadas às de um outro.

A consciência não é individual, mas social e ideológica. O material da consciência é a linguagem, sendo as condições de produção determinantes do discurso. Ou seja, o discurso que atravessa e afeta o outro é que produz e forma a consciência — o pensamento —, que por sua vez interferirá no discurso dos outros, configurando-se num curso incessante de movimento dialético entre as muitas vozes que se cruzam no plano das relações entre os homens.

Para Bakhtin, todas as esferas da atividade humana estão relacionadas com o uso da língua. O enunciado reflete as condições específicas e os objetivos de cada uma dessas esferas, tanto pelo seu conteúdo como pelo seu estilo.

> A verdadeira substância da língua não é constituída por um sistema abstrato de formas lingüísticas nem pela enunciação monológica isolada, nem pelo ato psicofisiológico de sua realização, mas pelo fenômeno social da interação verbal, realizada através da enunciação ou das enunciações. A interação verbal constitui assim a realidade fundamental da língua. Diálogo, no sentido estrito do termo, não constitui, é claro, senão uma das formas, é verdade que das mais importantes, da interação verbal. Mas pode-se compreender a palavra "diálogo" num sentido amplo, isto é, não apenas como a comunicação em voz alta, de pessoas colocadas face a face, mas toda comunicação verbal, de qualquer tipo que seja. (Bakhtin, 1992: 123)

Assim como Vygotsky, Bakhtin considera a linguagem a ferramenta sobre a qual emergem todas as formas de organização e de constituição dos sujeitos e dos fatos da realidade.

Nesse caso, o livro também é diálogo, é um ato de fala impresso. "O discurso escrito é de certa maneira parte integrante de uma discussão ideológica em grande escala: ele responde a alguma coisa, refuta, confirma, antecipa as respostas e objeções potenciais, procura apoio etc." (Bakhtin, 1992: 123). Tudo está o tempo todo em plena comunicação, não referindo-se tão-somente à fala em voz alta entre pessoas, mas a todo e qualquer discurso, inclusive o discurso interior, de onde decorrem inúmeras enunciações, que são determinadas pela situação de sua enunciação e pelo seu auditório, ou seja, por suas condições de produção, relacionadas tanto a um tempo e a um lugar específico como à posição e ao papel de cada um de nós nesse contexto. "A situação e o auditório obrigam o discurso interior a realizar-se em uma expressão exterior definida, que se insere diretamente no contexto não verbalizado da vida corrente, e nele se amplia pela ação, pelo gesto ou pela resposta verbal dos outros participantes na situação de enunciação" (Bakhtin, 1992: 125).

A língua é o resultado dos discursos em ação, cuja materialidade se dá a partir da intenção e da finalidade do falante, pois o discurso é sempre endereçado a outro(s) e se constitui em função deste(s).

Compreender o discurso é passar da funcionalidade da língua para a sua intencionalidade; é desvendar, como na língua estão acumulados os significados de outrem, a intenção de outrem, e tentar esboçar o discurso com outros significados que não aqueles do seu enunciador. O discurso é, assim, o uso da linguagem em determinado contexto, material e concretamente relacionado às intenções dos falantes. Por isso, a intencionalidade não existe como uma condição individual, mas como condição coletiva, travada no âmbito das interações verbais. O discurso só se constitui enquanto discurso quando é um interdiscurso. Ele só pode ser classificado e analisado quando tomado em consideração a outros discursos — base para o conceito de dialogismo em Bakhtin.

Assim, a teoria de Bakhtin é essencial para o presente estudo, já que a intenção é a de pensar o espaço de formação como produto e produtor de novas subjetividades e possibilidades de ação no que se refere às aprendizagens e às formas de ensino. O que se pretende é analisar até que ponto os CPs apropriaram-se do discurso de seus interlocutores (no caso de tudo o que vem sendo tratado no curso "Leitura e escrita: formação de professores e constituição de subjetividades"), transformando com isso as suas próprias representações de ensino e de aprendizagem e articulando-as no processo de formação dos professores e de que maneira isso vem contribuindo para a transformação das práticas desses professores (sujeitos das formações dos CPs) junto aos alunos.

O coordenador pedagógico como mediador

A função do coordenador pedagógico traz em si a ilusão de que o CP, por si só, seria um elemento deflagrador de grandes modificações na escola. No entanto, seu campo de atuação está diretamente ligado ao contexto das políticas públicas para a educação, às características de organização e de estruturação do sistema educacional e à rede de relações escolares. Somente a partir da articulação dessas instâncias é que o CP poderá definir o campo de forças com o qual irá construir seu espaço de atuação.

O contexto da realidade educacional da rede pública do município do Rio de Janeiro ainda é fortemente marcado pelo acúmulo de tarefas que dificultam ao CP a reflexão e a definição da função de coordenação pedagógica. No início do curso "Leitura e escrita: formação de professores e constituição de sujeitos", ouvia-se muito por parte dos CPs: "Eu faço de tudo, menos coordenação"; "Eu sou interrompida a todo instante por alguém que me pede para ver o portão, ver se a merenda está pronta, atender ao telefone"; "Meu lugar na escola é o de tapa-buracos: não tem professor, manda o coordenador; a secretária faltou, o coordenador fica no lugar; a sala de leitura está sem professor, o coordenador fica..."; "Se estou no meu canto lendo, estudando, chega um e diz: você que está aí sem fazer nada... Como sem fazer nada? Estou estudando, preparando o Centro de Estudos. Mas aí tenho que parar o que estou fazendo para atender os pedidos"; "Olha o aluno tal fez isso e isso, vá falar com ele..."; "Está um caos no corredor, tem que ir ajudar". Nessas falas pode-se detectar as marcas presentes no funcionamento da escola, cuja emergência não tem sua gênese apenas no desempenho do CP, mas são reveladoras de um sistema educacional que privilegia o agir apressado em detrimento do pensar, que ressalta a quantidade em prejuízo da qualidade, que tenta organizar o caos da rotina e lesa a construção de um processo pedagógico inclusivo.

Quanto mais o CP se aproxima de atividades de cumprimento de normas, de organização da rotina, de administração dos espaços, mais ele se afasta de realizar tarefas pedagógicas, mais ele parece adequar-se ao que dele é esperado.

A implantação da função do CP liga-se originariamente à construção de uma educação para a cidadania, à democratização e descentralização da escola, à procura por soluções para o fracasso escolar. Entretanto, por trás deste discurso aparentemente progressista há uma função estritamente reprodutora da escola, voltada para o conformismo, para a manutenção e para o aprimoramento do fracasso escolar, para a sustentação de práticas autoritárias.

A escola, instituição pública, cuja função é educar, apresenta-se como palco de inúmeras relações de poder, em que situações de precariedade e de disputa tendem a abandonar o processo de ensino e de aprendizagem. Assim, as difíceis condições de trabalho colocam o CP numa posição contrária aos termos de sua função, de modo que se pode constatar que a coordenação pedagógica encontra-se diante de um paradoxo. Tal situação não é de fácil enfrentamento nem de simples solução. Porém não se pode deixar imobilizar-se por essas mazelas. Então, o que fazer para engendrar um movimento que rume à educação de qualidade? É justamente essa questão que vem perpassando todo o curso "Leitura e escrita".

Na tentativa de responder à questão acima, o espaço de formação dos CPs tem privilegiado a reflexão e a pesquisa, não somente sobre o processo ensino-aprendizagem, mas também sobre a ocorrência sócio-histórica desse processo. Para isso, algumas perguntas (O que faço? O que penso sobre...? O que significa isso? De que forma me tornei o que sou? Como agir de maneira diferente?) têm sido feitas aos CPs, cujas respostas poderiam ser reveladoras dos papéis e funções da coordenação pedagógica, deparando-a com novas possibilidades de ação. Não há a ilusão de que as respostas por si mesmas possam falar sozinhas, sem uma reflexão mais aprofundada sobre o que as perguntas apontam e carregam de potencial e de força para a transformação ou para a manutenção do que se faz; entretanto, o que se pretende é que possam deflagrar as contradições, situar o sujeito frente a elas e, assim, apontar os caminhos para uma prática voltada para a formação pautada no diálogo constante e permanente entre o que se pensa e o que se faz. Nesse jogo discursivo com o CP entrelaçam-se os inúmeros conhecimentos tanto teóricos quanto práticos que dão suporte às novas concepções que emergem.

Entende-se que a construção desse espaço de formação tem uma estreita ligação com a prática da pesquisa-ação, cujo processo investigativo tem por finalidade a análise, a crítica, a apreensão e a transformação das ações, a partir da centralidade assumida pela linguagem na formação dos envolvidos. E sobre isso diz Costa (2002: 101):

> As sociedades e culturas em que vivemos são dirigidas por uma poderosa ordem discursiva que rege o que se deve ser dito e que deve ser calado, e os próprios sujeitos não estão isentos desse efeito. Os sujeitos se constituem no interior de tramas históricas. Eles são, simultaneamente, constituídos e constituintes. Nessa concepção, a centralidade da linguagem passa a ser evidente.

Assim sendo, a pesquisa-ação possibilita um movimento dinâmico entre teoria e prática, constituindo-se no próprio processo de reflexão, uma vez que esta é caracterizada pela ação reelaboração de perguntas, o que viabiliza o desenvolvimento e a expansão do conhecimento, a orientação para a solução de problemas e a formação crítica do profissional de educação.

Desse modo, o papel do CP ganha novos contornos e passa a ser de imenso valor na reestruturação da educação, pois a sua função de formador e orientador do professor pode passar a imprimir o mesmo movimento reflexivo diante das ações práticas do professor frente aos alunos e ao sistema educacional como um todo.

Não se pode ignorar as questões hierárquicas e de poder presentes na relação entre CP e professores dentro da instituição de ensino. Daí a importância do envolvimento do CP numa prática de pesquisa-ação, que por meio das interações dialógicas pode criar uma atmosfera cooperativa entre os envolvidos no processo reflexivo, fazendo com que sentimentos de vulnerabilidade e de frustração sejam transformados em melhorias para os campos profissionais e pessoais.

Nas perspectivas de Vygotsky e Bakhtin, o CP deve afastar-se de uma posição de opressão e de dominação e aproximar-se da de mediador, auxiliando o professor a compreender suas ações e a transformá-las conscientemente. A partir do diálogo, da pesquisa, da investigação, cada um dos envolvidos pode colocar-se no lugar do "outro" em busca de maiores

INCLUSÃO EM EDUCAÇÃO

entendimentos sobre o que se dá na realidade e o que se pode fazer para se conquistar novas mudanças. Esse contexto que seria altamente dificultado sem o papel de um mediador — o coordenador pedagógico.

Desafios para a construção de uma educação inclusiva

O conceito de *inclusão* liga-se ao desejo e à necessidade de mudanças educacionais profundas. O segredo não está no uso do termo inclusão, mas sim no projeto político pedagógico, pois a presença do termo por si só não é suficiente para redimensionar o processo educacional. Necessita-se de uma proposta político-pedagógica articulada com o desejo de mudanças e o estabelecimento de novos paradigmas educacionais, que afetem tanto o convívio social e político como a apropriação dos saberes escolares.

A Educação Inclusiva não pode ser encarada como apenas a que trata da questão dos deficientes ou dos grupos vulneráveis, mas a que abrange todos os educandos, respeitando as diferenças, sem, no entanto, pretender massificá-las com uma suposta homogeneização, caracterizando, assim, o que é melhor para o aluno. Fazer o melhor para o aluno é prover todas as suas necessidades para que possa operar melhor o mundo.

Para assumir práticas educacionais inclusivas, práticas capazes de lidar com as diferenças e de garantir o acesso à educação de qualidade a todos os alunos é preciso investigar o cotidiano escolar, levantando questões como:

- como fazer;
- o que meu aluno precisa para aprender;
- como articular o genérico e o específico;
- como garantir o acesso aos bens de consumo, à cultura, aos conhecimentos escolares, às variadas linguagens;
- o que o sujeito precisa para atuar de forma plena no mundo;
- de que maneira garantir as necessidades dos sujeitos envolvidos no processo;
- enfim, que mudanças, na forma do ensino, são necessárias para tornar essa escola mais dialética e preparada para acolher a diversidade.

A escola inclusiva não tem que esperar que o aluno esteja pronto para a aprendizagem, mas responsabilizar-se para que ele esteja em consonância e ressonância com o que vai aprender. Quer dizer, a educação inclusiva vai muito além da presença física do aluno na escola. Ela tem que assegurar uma aprendizagem significativa que favoreça a relação, a percepção e a interação do educando no e com o mundo. A inclusão tem que deixar de ser um lema, um fim em si mesma, para tornar-se uma atitude da sociedade como um todo, pautada na responsabilidade solidária para o bem comum e no compromisso político da intencionalidade das ações efetivas.

Portanto, sobre a realidade atual das práticas educacionais inclusivas e sobre os desafios necessários às suas implementações ressaltam-se a importância de uma discussão, de uma reflexão e de um posicionamento comprometidos com o acesso de todos às necessidades que cada sujeito demanda. Mas para que essa demanda possa de fato ser atendida, uma formação permanente precisa ser assegurada aos profissionais da educação. A formação deve ser contínua e permanente, porque o educador é visto, aqui, como um sujeito da cultura, e como a cultura é um terreno fértil, móvel, dinâmico, não se pode entregar a dogmas e crenças, há que flexibilizar os pensamentos e as práticas na busca de melhorias na qualidade do ensino. É preciso que a ação do profissional de educação volte-se para uma prática de pesquisa, em que o objeto estudado se reverta em promoção de desenvolvimento humano por meio das aprendizagens, bem como sirva de mediação para o processo de construção de identidade dos agentes sociais.

Contudo, uma prática muito comum ainda é pensar o conhecimento, a formação como alguma coisa que se dá de cima para baixo, do mais competente para o menos competente. E, em geral, a cada gestão propõe-se uma nova prática, um novo modelo, um novo referencial teórico como soluções para todo e qualquer problema, "pedindo", "solicitando", para não dizer, "impondo" ao professor o abandono de suas práticas e crenças anteriores — como se tudo o que ele soubesse nada representasse, como se a construção de sua história de vida pessoal e profissional não fossem

INCLUSÃO EM EDUCAÇÃO

importantes. No entanto, considerando-se que passado/história seja a possibilidade de transformação do futuro, não faz sentido abrir mão desse passado constitutivo das identidades pessoal e profissional. É preciso mantê-lo vivo na memória, para que no presente ele [passado] possa ecoar as vozes do futuro.

Mas para que a história desse profissional não seja negada e para que ele tenha a possibilidade de traçar novas metas orientadoras de suas práticas, é necessário que se instaure uma relação dialógica com esse sujeito, que dê voz às suas angústias e a seus questionamentos, surgidos no seio de seus incômodos e de suas incertezas presentes — atuais —, gerando, com isso, um movimento em direção à mudança, rumo à transformação do ontem no amanhã. Dar voz a esse profissional é acreditar em sua capacidade para a pesquisa, para a construção de novos conhecimentos e paradigmas.

Isso, no entanto, só vai ocorrer quando a prática pedagógica for investigada, revista, avaliada continuamente, para que o aluno — seja ele deficiente ou não — possa de fato (e não mais apenas de direito) se apropriar daquilo que é o papel fundamental da escola: garantir o acesso aos conhecimentos já construídos pela humanidade e a co-construção de novos conhecimentos emergentes desse processo.

Assim, estaremos assegurando uma escola *para todos*, na qual o processo de interconstrução se dá com base na emergência coletiva dos múltiplos significados que os conhecimentos escolares assumem no seio das interações sociais.

A Educação Inclusiva não é aquela que aceita as diferenças, mas faz da diferença uma maneira distinta de expressão e de operacionalização do mundo. Não basta reconhecer e aceitar a diferença. Há que se transformar a ação e a experiência variadas em algo que amplie a nossa visão de mundo no sentido de uma atitude cidadã em respeito às diferenças. Negar a diferença é submeter-se a padrões preestabelecidos, o que acarreta a perda da identidade. A perda da identidade, por sua vez, amputa-nos a condição de ser sujeito, nos colocando na de sujeitado. É contra isso que temos que lutar nos espaços com os quais nos relacionamos.

Bibliografia

BAKHTIN, M. *Marxismo e filosofia da linguagem*. São Paulo: Hucitec, 1992.

CHAUI, M. *O que é ideologia*. São Paulo: Brasiliense, 1984.

COSTA, M. V. *Caminhos investigativos II*: Outros modos de pensar e fazer pesquisa em educação. Rio de Janeiro: DP&A, 2002.

FOUCAULT, M. *Em defesa da sociedade*. São Paulo: Martins Fontes, 2000.

SANTOS, M. P. dos. O papel do ensino superior na proposta de uma educação inclusiva. *Revista Movimento*, Faculdade de Educação da UFF, n. 7, pp. 78-91, maio 2003.

SAWAIA, B. (Org.). *As artimanhas da exclusão*: Análise psicossocial e ética da desigualdade social. Petrópolis: Vozes, 2002.

VYGOTSKY, L. S. *A formação social da mente*. São Paulo: Martins Fontes, 2000.

_____. *Pensamento e linguagem*. São Paulo: Martins Fontes, 1989.

Inclusão na educação: uma reflexão crítica da prática

Bianca Fátima Cordeiro dos Santos Fogli*
Lucindo Ferreira da Silva Filho**
Margareth Maria Neves dos Santos de Oliveira***

Este capítulo pretende contribuir para as discussões a respeito da inclusão na educação e o desafio a que esta prática nos remete. Este trabalho é fruto das reflexões realizadas na prática de pesquisa desenvolvida na UFRJ, sob a coordenação da profa. dra. Mônica Pereira dos Santos a respeito da temática inclusão na educação.

A pesquisa intitulada "Ressignificando a formação de professores para uma Educação Inclusiva" em uma de suas etapas buscou analisar o

---

* Mestre em Educação/UERJ, especialista em Educação Especial/UFF, MBA em Gestão/FGV, pedagoga/UFRJ, coordenadora do Programa de Inclusão na Educação da Faetec, Supervisora Educacional da SME de Duque de Caxias, professora e pesquisadora da Ucam, e-mail: biancaucam@bol.com.br

** Mestrando em Educação/Universidade Estácio de Sá, especialista em Educação Especial/UERJ, pedagogo/UERJ, consultor de Educação Especial, professor de ensino superior, gerente do Programa de Inclusão na Educação da Faetec, e-mail: professorlucindo@bol.com.br

*** Mestre em Educação/UERJ, psicopedagoga/Ucam, Pedagoga e especialista em Educação Especial/UERJ, coordenadora do Programa de Inclusão na Educação da Faetec, professora do ensino superior e da SME/RJ, tutora de Educação à Distância do Cederj/Cecierj, e-mail: oswalmarga_2005@yahoo.com.br

conteúdo das ementas dos cursos oferecidos pela Faculdade de Educação da UFRJ objetivando compreender como a diversidade é percebida na prática institucional.

O foco de observação para análise das ementas pautou-se em compreender as concepções presentes no "desenho" do curso proposto pela FE/UFRJ, buscando observar se os cursos de formação profissional possibilitam atuar adequadamente com a diversidade humana, propiciando uma educação inclusiva.

Verificamos que as mesmas tangenciam a busca da relação entre a teoria e a prática, dando ênfase a aspectos conceituais e metodológicos. Em relação aos conhecimentos mencionados relativos à questão da diversidade humana, apesar de não aparecerem especificamente nas ementas, apontam inúmeras abordagens sobre a referida temática, embora necessitem de atualização frente às exigências da LDBEN 9394/96.

Contextualizando a Educação Inclusiva

A discussão acerca da inclusão na educação tem sido proclamada em todos os níveis políticos, sociais, econômicos etc. Vivemos sob o signo moderno da velocidade e das inovações tecnológicas, principalmente com a globalização, processo que modifica as noções de tempo e espaço no mundo.

A velocidade crescente que envolve as comunicações, os mercados, os fluxos de capitais e tecnologias, as trocas de idéias e imagens na transição do final século XX e início deste nos impõem a dissolução de fronteiras e barreiras protecionistas. A todo o momento se estabelecem tensos diálogos entre o local e o global, a homogeneidade e a diversidade, o real e o virtual.

Nesse panorama surgem vários movimentos em prol de um espaço educacional menos discriminatório, com objetivo de garantir, democratizar e universalizar o direito à educação.

No campo educacional, a opção pela escola inclusiva é assumida na chamada Declaração de Salamanca, resultado da Conferência Mundial de

Educação Especial de 1994, documento elaborado por representantes de 92 governos e 25 organizações internacionais, reunidos na cidade de Salamanca, Espanha, entre 7 e 10 de junho de 1994. O documento defende que o princípio norteador da escola deve ser o de propiciar a mesma educação a todas as crianças, adaptando-se às necessidades das mesmas, com objetivo de reafirmar o direito de todas as pessoas à educação, como previsto na Declaração Universal dos Direitos Humanos de 1948, e renovando o empenho da comunidade mundial na Conferência Mundial de Educação para Todos, independente de suas diferenças particulares.

O direito de toda criança à educação é o princípio fundamental desta "linha de ação", ou seja, a de que as escolas devem aceitar todas as crianças, independentemente de suas condições físicas, intelectuais, sociais, emocionais, lingüísticas e outras. Prevê ainda um novo conceito sobre as pessoas com necessidades especiais e apresenta diretrizes de ação de um plano nacional (política e organização, fatores escolares, contratação e formação do pessoal docente, serviços externos de apoio, áreas prioritárias, participação da comunidade e recursos necessários) e termina com diretrizes de ação para planos regionais e internacionais.

Historicamente, a Educação Especial tem concentrado esforços no sentido de integrar pessoas com deficiências no sistema de ensino. Com o movimento pela inclusão, a educação especial, obrigatoriamente, encontra-se em fase de redefinição de seu papel, frente às exigências deste novo paradigma.

Acreditamos que este é o momento de compreender que não cabe mais a dicotomia "especial x regular", visto que devemos encontrar o equilíbrio, como aponta Saviani (1981) com a teoria da "curvatura da vara".

Diferenciar o processo de integração do processo de inclusão não é apenas uma questão conceitual, pois apesar de ambos almejarem a aceitação da diferença, partem de premissas distintas. Portanto, não cabe a polarização a favor ou contra, ainda tão comum nas práticas escolares.

De acordo com Velho (2003: 131), estranhamento é "o processo de estranhar o familiar, tornando possível quando somos capazes de confrontar intelectualmente, e mesmo emocionalmente, diferentes versões e interpretações existentes a respeito de fatos".

Considerando que para se pensar uma proposta inclusiva é necessário um "estranhamento" da realidade, como sinalizam os antropólogos, parafraseando Rubem Alves, utilizaremos o recurso de uma fábula, por esta nos instigar a refletir sobre questões complexas de forma simples e prazerosa.

Uma fábula

Certa vez os animais resolveram preparar seus filhos para enfrentar as dificuldades do mundo atual e, por isso, organizaram uma escola. Adotaram um currículo prático que constava de corrida, escalada, natação e vôo. Para facilitar o ensino, todos os alunos deveriam aprender todas as matérias.

O pato, exímio em natação (melhor mesmo que o professor) conseguiu notas regulares em vôo, mas era aluno fraco em corridas e escalada. Para compensar esta fraqueza, ficava retido na escola todo dia, fazendo exercícios extras. De tanto treinar corrida ficou com os pés terrivelmente esfolados e, por isso, não conseguia mais nadar como antes. Entretanto, com o sistema de média aritmética das notas nos vários cursos, ele conseguiu ser um aluno sofrível, e ninguém se preocupou com o caso do pobre pato.

O coelho era o melhor aluno do curso de corrida, mas sofreu tremendamente e acabou com esgotamento nervoso, de tanto tentar natação.

O esquilo subia tremendamente, conseguindo belas notas no curso de escalada, mas ficou frustrado no vôo, pois o professor o obrigava a voar de baixo para cima e ele insistia em usar os seus métodos, isto é, em subir nas árvores e voar de lá para o chão. Ele teve que se esforçar tanto em natação que acabou por passar com nota mínima em escalada, saindo-se mediocremente em corrida.

A águia foi uma criança problema, severamente castigada desde o princípio do curso, porque usava métodos exclusivos dela, fosse para atravessar o rio ou subir nas árvores. No fim do ano, uma águia anormal, que tinha nadadeiras, conseguiu a melhor média em todos os cursos e foi a oradora da turma.

Os ratos e os cães de caça não entraram na escola porque a administração se recusou a incluir duas matérias que eles julgavam importantes, como esca-

var tocas e escolher esconderijos. Acabaram por abrir uma escola particular junto com as marmotas e, desde o princípio, conseguiram grande sucesso.

(Autoria sem identificação)

Uma perspectiva crítica da prática escolar na escola inclusiva: Diferenciando inclusão de integração

A fábula retrata de forma fidedigna e caricaturada o modelo de educação utilizado em nossa cultura escolar e nos convida a refletir se, de fato, essa forma de agir contempla nossos propósitos.

Observamos, como na fábula, que a escola vem se organizando em torno da homogeneidade dos sujeitos e da universalização de saberes, desconsiderando as diferenças de classe, etnia, gênero e cultura, estando despreparada para receber adequadamente os alunos reais.

Quem de nós, em algum momento de nossa trajetória escolar, não se identificou com os personagens da história?

A fragmentação do currículo em disciplinas especializa o conhecimento e faz do conteúdo um fim em si mesmo.

A fábula nos clarifica a compreensão dos diferentes procedimentos nas perspectivas integracionista e inclusivista e nos desafios a que estas práticas nos remetem. Apesar de ambas as concepções primarem pela aceitação da diferença, partem de premissas distintas.

Na perspectiva da integração, o papel do aluno é se adequar à estrutura vigente, aceitando as normas expostas pelo sistema, sendo considerado objeto do currículo. O aluno tem que se adaptar ao seu ambiente, como se ele "fosse culpado" de suas dificuldades, e apenas a ele coubesse a responsabilidade de se adaptar à escola.

Para Mantoan (1997: 235):

A integração traz consigo a idéia de que a pessoa com deficiência deve modificar-se segundo os padrões vigentes na sociedade, para que possa fazer parte dela de maneira produtiva e, conseqüentemente, ser aceita.

Já a inclusão traz o conceito de que é preciso haver modificações na sociedade para que esta seja capaz de receber todos os segmentos que dela foram excluídos, entrando assim em um processo de constante dinamismo político social.

Na perspectiva da inclusão, a escola precisa estar preparada para trabalhar com as necessidades individuais dos alunos, sendo este o mesmo sujeito do currículo, entendido no sentido abrangente de tudo o que acontece na escola e que afeta, direta ou indiretamente, o processo de transmissão, apropriação e ampliação do saber acumulado pela humanidade.

A fábula aponta a preocupação em preparar os alunos para enfrentar as dificuldades do mundo atual, adotando um currículo que pensaram ser prático. A escola avalia que o currículo oferecido é prático e funcional, entretanto, na visão da inclusão, o currículo só é adequado se atende efetivamente aos anseios e necessidades de cada aluno.

Tomando por base o caso dos ratos e cães de caça, como ilustrado na fábula, que não entraram na escola porque a administração se recusou a incluir duas matérias que eles julgavam importantes, daí verificamos a possível abordagem: No aspecto legal não faltariam leis que "garantissem" a entrada dos ratos e dos cães de caça na escola.

Cabe lembrar que a Lei Federal n° 7.853 (24/10/89), regulamentada pelo Decreto n° 3.298 (20/12/99), originou a Política Nacional de Integração da Pessoa Portadora de Deficiência, e prevê que:

> Constitui crime punível com reclusão de 1 (um) a 4 (quatro) anos e multa: recusar, suspender, procrastinar, cancelar ou fazer cessar, sem justa causa, a inscrição de aluno em estabelecimento de ensino de qualquer curso ou grau, público ou privado, por motivos derivados da deficiência que porta. (Exclusão Zero)

No entanto, sabemos que o processo de aceitação da diferença não se dá exclusivamente por leis e decretos, embora estes *instrumentos sejam de extrema relevância*.

Verificamos que essa tentativa, nos termos da lei, não dá conta de atender a realidade. Infelizmente, temos verificado que, *grosso modo*, a escola aceita o aluno porque é obrigada, e dessa forma limita cada vez mais os deficientes, acentuando-lhes os estigmas e, conseqüentemente, impedindo o acesso desses alunos ao meio dito normal.

É preciso ter em mente que uma proposta de inclusão implica transformação de relações sociais sedimentares, já que não se pode fazer uma lei que obrigue as pessoas a gostar umas das outras e respeitar suas diferenças.

Integração é um processo espontâneo e subjetivo, que envolve direta e pessoalmente o relacionamento entre seres humanos (Glat, 1991). Se não levarmos em conta o aspecto psicossocial, corre-se o risco de sermos reducionistas.

Caso os ratos e os cães de caça fossem inseridos na escola, como se sentiriam tendo que fazer tantas coisas sem significado, tendo que aceitar como pretexto que estas práticas os ajudariam a enfrentar os problemas do mundo atual?

O aluno, nesta concepção, é objeto do currículo, e cabe ao professor ensinar as matérias consideradas relevantes, tendo como base o foco no ensino.

A prática de encaminhar alunos, com problemas de aprendizagem e comportamento para Educação Especial é um grande equívoco. Podemos observar que a Educação Especial reproduz a lógica da Educação Geral, em nada colaborando no sentido de atender às reais necessidades individuais.

Ainda refletindo sobre a fábula, pensar a inserção dos ratos e dos cães de caça na escola desta forma é apostar no fracasso, a começar pelo sistema de avaliação que se resume em média aritmético. Assim sendo, eles jamais teriam seus saberes reconhecidos, porque escavar tocas e escolher esconderijos não seriam percebidos como conhecimentos relevantes naquele contexto.

Embora saibamos que toda regra tem sua exceção, muitos de nós, educadores, por termos sido formados universal e homogeneamente, por vezes conseguimos perceber estas diferenças, quase que de forma intuitiva, e tentamos buscar alternativas.

As modalidades de atendimento da Educação Especial tradicionalmente serviriam como suporte instrumental para apoiar o aluno no processo de integração. Assim os ratos e os cães de caça também poderiam freqüentar a sala de recursos objetivando dar suporte ao trabalho de adaptação.

Revisitando a fábula na perspectiva da inclusão, os ratos e os cães de caça também poderiam fazer parte da escola. No entanto, estes alunos, nesta visão, não devem exclusivamente se adaptar às necessidades da escola, e sim o contrário.

Ao falarmos em inclusão, metaforicamente, nos vem à idéia de um grande *self-service*, onde podemos nos servir de acordo com o nosso apetite, desejo, enfim de acordo com as nossas possibilidades.

O currículo pensado nesta ótica da diversidade não necessita de adaptações, pois ele será pensado de acordo com o modo de aprender do aluno, prevendo a necessidade de todas as pessoas. Os alunos são vistos como sujeitos construtores do currículo, e não como objetos do mesmo. Criar condições de permanência nesta perspectiva implica refletir de forma crítica sobre o papel da educação, do projeto da escola, do sistema de avaliação etc.

A metáfora *"self-service"* significa reconhecer que nem todos, por exemplo, gostam de feijoada. Assim sendo, o processo de inclusão é um enorme desafio para a situação que está posta. Portanto, é de fundamental importância o envolvimento de todos os segmentos da escola no respeito ao ritmo individual no processo de aprendizagem, em que todos os ligados à educação estejam envolvidos com a inclusão, ou seja, deve haver o envolvimento dos educadores, dos pais e responsáveis, dos alunos, em busca de promover parcerias, como estratégias de apoio mútuo. Tais estratégias visam, entre outros aspectos, à solução de problemas de acessibilidade, rompendo-se assim barreiras atitudinais, arquitetônicas e de informação.

Esta nova forma de pensar a educação por vezes é confundida com os modismos tão presentes em nossa prática profissional. Para muitos educadores, a inclusão significa mais uma dessas manifestações.

A implantação de novos modelos pode significar a rejeição do conhecimento do professor. Kramer e Nunes (1993) sinalizam que essas diretrizes vêm carregadas de modismos, os quais, como a história mostra, têm duração curta: vêm como um furacão, que balança os pilares construídos, quase sempre destrói práticas que representavam até então, para o professor, o seu sucesso profissional.

O tempo de aprender é o das séries escolares, porque é preciso seqüenciar, hierarquizar a complexidade do conhecimento, mesmo sendo este o básico, o elementar do saber. Uma escala de valores também é atribuída às disciplinas, em que uma reina absoluta, como a mais importante e poderosa, enquanto as outras estão para trás.

Empiricamente, temos observado uma enorme confusão na implementação de políticas de inclusão nas redes de ensino, que em busca do paradigma da inclusão involuntariamente tangenciam um caminhar de mudança com, na maioria das vezes, a perpetuação de práticas segregacionistas.

Percebemos como pesquisadores em Educação na área de Educação Especial, que apesar de a temática da Inclusão estar presente nos discursos oficiais, nas políticas públicas e na dinâmica da prática, esta tem gerado diferentes interpretações, propiciando assim uma grande ambigüidade conceitual.

Corrêa (1990) analisa a questão da diferença, em sua dissertação de mestrado na Unicamp, discutindo a seguinte questão: Que é ser diferente em uma sociedade de iguais? Possuir uma marca, um rótulo, um carimbo que limita as expectativas de crescimento e torna aquele ser humano prisioneiro, e, a partir daí, não lhe resta alternativa a não ser a de aderir à ordem prefixada.

De acordo com a autora, a escola funciona como um "termômetro" que ajudará o sistema educacional a separar os doentes dos sadios, os fracos dos fortes, os viáveis dos inviáveis. Logo nos primeiros meses, os professores com suas expectativas já se consideram "capazes" de identificar em sua classe quais alunos fracassarão.

Segundo Fédida (1984: 144), "o deficiente representa um espelho perturbador, desorientador, um espelho que, certamente, engaja nossa experiência psicótica pessoal onde ela não se encontra reconhecida como tal".

Acreditamos que o primeiro passo para que de fato a inclusão ocorra é compreendê-la à luz de sua especificidade, pois do contrário pode-se correr o risco de cair em generalizações absurdas.

O grande problema das pessoas estigmatizadas, que afeta também as com necessidades educacionais especiais, é que o estigma funciona como uma marca ou um rótulo, ou seja: o indivíduo passa a ser interpretado em função do atributo pejorativo.

Coloca-se, assim, a necessidade de passar a entender a educação especial não como a educação de determinados alunos, mas como:

> ações ou medidas que ajudem os sistemas escolares, principalmente os professores a estar melhor capacitados para enfrentar a diversidade de necessidades que seus alunos podem apresentar, seja quais forem. (Echeita, 1994: 228)

Verificamos algumas questões que não podemos deixar de lado, pois cada aluno possui características históricas, sociais e orgânicas diferenciadas. A deficiência é apenas um dos elementos que compõe a totalidade do ser humano. Desta forma, a deficiência não deve ser privilegiada nem desprezada, apenas considerada. O importante é discutir um modelo de aprendizagem sem rótulos, classificações, levando-se em conta o potencial do aluno.

Não desconsiderando a importância do atendimento especial, em casos extraordinários, acreditamos que, como os ratos e cães de caça, muitos de nossos alunos de classes e ou escolas especiais se beneficiariam com o processo de inclusão, fato que deveria possibilitar um repensar sobre muitas concepções que apóiam práticas realizadas no cotidiano escolar, como avaliação, currículo, aprendizagem etc.

Para Sassaki (1997), "os conceitos são fundamentais para o entendimento das práticas sociais"; a inclusão, enquanto novo paradigma, alavanca a escola, que com novas implicações educativas deverá acolher todas as crianças independentemente de suas condições físicas, intelectuais, sociais, emocionais, lingüísticas e culturais.

Inclusão na educação profissional

Tal qual a fábula, a preocupação em preparar os jovens de nossa sociedade para enfrentar as dificuldades do mundo moderno tenha inspirado a criação da Fundação de Apoio à Escola Técnica do Estado do Rio de Janeiro, que talvez tenha surgido com o objetivo de lidar com os desafios de uma sociedade do conhecimento, como uma das exigências da modernidade.

A Faetec — Fundação de Apoio à Escola Técnica —, vinculada à Secti — Secretaria de Estado de Ciência, Tecnologia e Inovação, no Rio de Janeiro, compreende um dos maiores complexos de educação profissional do Brasil, atendendo, gratuitamente, cerca de 130 mil estudantes, por ano.

A Faetec foi fundada em 1997, em substituição à Faep — Fundação de Apoio à Escola Pública do Rio de Janeiro —, a partir da Lei nº 2.735, de 10 de junho. A nova fundação passou a gerenciar a rede de ensino tecnológico do estado, estruturada organizacionalmente através de Ceteps (Centro de Educação Tecnológica e Profissionalizante), ETEs (Escola Técnica Estadual) e institutos superiores de educação, de tecnologia, escolas estaduais de ensino fundamental e centros comunitários de defesa da cidadania.

A referida instituição vem desenvolvendo ações que buscam criar igualdade de oportunidades para pessoas com necessidades educacionais especiais na educação profissional. Vinculada à Secretaria de Estado de Ciência, Tecnologia e Inovação, compreende um dos maiores complexos de educação profissional do país, atuando da educação infantil ao ensino superior.

Na atual gestão, administrada no paradigma da Educação para Todos, a Faetec desenvolve diversos projetos que visam a igualdade de oportunidades na educação, buscando a mudança do panorama de desigualdades sociais. Nesta linha de atuação, constitui ação objetiva a inclusão de pessoas portadoras de deficiências nas oportunidades de educação profissional desenvolvidas pela Faetec.

Preocupada com as questões da inclusão na educação profissional foi criado o Programa de Inclusão, objetivando favorecer o efetivo acesso, a participação e a permanência, com resultados positivos, de pessoas que apresentem necessidades educacionais especiais, nas diferentes oportunidades de educação profissional, buscando assegurar ainda uma adequada transição para o mercado de trabalho.

O Programa Faetec de Inclusão na Educação também visa possibilitar aos gestores e comunidade escolar a reflexão acerca da educação e da cidadania, buscando desenvolver um trabalho coletivo que inclua todos os alunos, independentemente de suas habilidades físicas, intelectuais, sensoriais etc.

A questão da inclusão na educação vem despertando o interesse dos profissionais em virtude da crescente ocorrência de alunos com necessidades físicas e sensoriais especiais nos cursos oferecidos pela Faetec. Tem mobilizado a atenção de gestores, professores e técnicos, que, preocupados com a questão, buscam informações de forma a aperfeiçoar os serviços prestados.

Assim o panorama se enriquece com a firme determinação da Faetec em implementar ações afirmativas no sentido de garantir o atendimento das demandas de educação profissional das pessoas que apresentem necessidades mentais, sensoriais, físicas e múltiplas, situação que exige a implementação das condições necessárias para que se possa garantir aos educandos com necessidades educacionais especiais a sua inserção em ambiente educativo acolhedor, no qual se sintam em igualdade de condições em relação às outras pessoas da comunidade escolar.

O desenvolvimento da proposta de inclusão na educação profissional aponta para a necessidade de garantir a capacitação continuada dos professores e técnicos, bem como da importância de dar atenção a outras questões, como adaptação de instalações físicas e mobiliário; garantir o mais amplo conhecimento, pelas comunidades escolares da unidade Faetec, da política de inclusão empreendida; desenvolver estruturas na rede de suporte técnico ao trabalho etc.

Conclusões e novos desafios a serem pensados...

Incluir não é simplesmente inserir uma pessoa em ambientes destinados à sua educação, saúde, lazer, trabalho. Implica também acolher to-

INCLUSÃO EM EDUCAÇÃO

dos os atores de um dado grupo, independentemente de suas características; é considerar que as pessoas são seres singulares, diferentes uns dos outros e, portanto, sem condições de ser categorizados.

Segundo Carvalho (1997), o princípio fundamental das escolas inclusivas consiste em todos os alunos aprenderem juntos, sempre que possível, independentemente das dificuldades e das diferenças que apresentam. Desta forma, as escolas devem reconhecer e satisfazer as necessidades diversas dos seus alunos, adaptando-se aos vários estilos e ritmos de aprendizagem, de modo a garantir um bom nível de educação para todos.

Deste modo, as escolas terão de encontrar formas de educar com sucesso todas as crianças com necessidades educativas especiais.

Diante de tamanho desafio, nossa resposta a essas questões se resume nos seguintes questionamentos:

1. Poderá o educador engajar-se numa proposta de inclusão atuando de forma interdisciplinar sendo sua formação fragmentada?

2. Existem condições para o educador entender como o aluno aprende, se não lhe foi reservado espaço para perceber como ocorre sua própria aprendizagem?

3. Buscará a transformação social se ainda não iniciou o processo de transformação pessoal?

Acreditamos que a resposta a essas questões só poderá ocorrer no âmago de cada célula desse processo. Portanto, pensar um caminho para a inclusão significa discutir de forma crítica e dinâmica a escola que temos, ou seja, refletindo sobre a construção do projeto político pedagógico, a gestão democrática, a avaliação do processo educativo, a relação teoria e prática etc.

Cada unidade escolar, com seus professores, alunos, funcionários e comunidade, poderá ser sujeito de sua própria história. A escola sempre será conduzida a um lugar ou outro pela ação de seus agentes.

É preciso, ainda, que tenhamos uma perspectiva realista: não se muda atitudes da noite para o dia, sejam elas individuais ou coletivas. Principalmente quando consideramos que toda nossa tradição histórica tem sido em termos de omissão ou, quando posturas são tomadas, elas tenham se manifestado no sentido do preconceito. Acima de tudo, aqueles de nós que pertencemos aos privilegiados grupos que têm acesso ao saber e à instrução e informação; aqueles de nós que têm a oportunidade de fazer uso de sua educação de uma forma crítica, têm, no mínimo, o compromisso moral de discutir e se posicionar, a favor ou contra, com e a respeito dos grupos imediatamente atingidos pela organização de uma sociedade em termos da exclusão. Pois é através daqueles "esclarecidos", em suas atuações profissionais e pessoais, que condições podem ser pensadas, atitudes podem ser repensadas, e novas atitudes podem ser propostas e exemplificadas na prática. (Santos, 2000: 10)

Sendo assim, cabe à escola assumir-se enquanto instância de discussão dos referenciais éticos, políticos e sociais, como espaço social de construção dos significados necessários e constitutivos de toda e qualquer ação de cidadania.

Acreditamos na escola como um local privilegiado para o desenvolvimento da cidadania, do acesso ao saber científico e tecnológico e da formação de consciência democrática. Ela deve ser o lugar, por excelência, onde a circulação das idéias, no sentido de uma total abertura, seja uma realidade.

Bibliografia

BRASIL. *A Constituição de 1988*. Brasília, 1988.

_____. Secretaria de Educação Especial. *Política Nacional de Educação Especial*: livro 1/MEC/Seesp. Brasília, 1994.

CARVALHO, Roleta E. *A nova LDB e a educação especial*. Rio de Janeiro: WVA, 1997.

CORDE. *Declaração de Salamanca e linha de ação sobre necessidades educativas especiais*. Brasília, 1994.

CORRÊA. *Que é ser diferente em uma sociedade de iguais?* Dissertação de Mestrado em Educação, apresentada na Unicamp, na Faculdade de Educação, Programa de Pós-graduação em Educação, 1990.

ECHEITA, G. A favor de un educación de calidad para todos. *Cadernos de Pedagogia*. Barcelona, 228: 66-7, 1994.

FÉDIDA, P. A negação da deficiência. In: NETO, M. *A negação da deficiência*: A instituição da diversidade. Rio de Janeiro: Achiamé/Sociais, 1984.

FERREIRO, E. *Com todas as letras*. São Paulo: Cortez, 1997.

GLAT, R. *A integração social dos portadores de deficiências*: uma reflexão. Rio de Janeiro: Sette Letras, 1995.

KRAMER S. e NUNNES, M. F. E. Teorias do conhecimento e alfabetização: O bebê e a água do banho — leitura e alfabetização. Universidade Federal Fluminense, *Cadernos ESE*, v. 1, p. 83-8, nov. 1993.

MANTOAN, Maria Teresa Eglér. *Ser ou estar, eis a questão*: explicando o 'déficit' intelectual. Rio de Janeiro: WVA, 1997.

SANTOS, Mônica P. Educação inclusiva e a declaração de Salamanca — conseqüências ao sistema educacional brasileiro. *Integração*, ano 10, n. 22, p. 34-40, 2000.

SASSAKI, K. R. *Inclusão*: Construindo uma sociedade para todos. Rio de Janeiro: WVA, 1997.

SAVIANI, D. Escola e Democracia ou teoria da curvatura da vara. ANDE, ano 1, n. 1, 1981.

VELHO, G. O estudo do comportamento desviante: a contribuição da antropologia social. In: VELHO, G. (Org.). *Desvio e divergência*: Uma crítica à patologia social. 7. ed. Rio de Janeiro: Jorge Zahar, 2003.

Educação Inclusiva: repensando políticas, culturas e práticas na Escola Pública

Vera Lúcia Alves dos S. Corrêa*
Anakeila de Barros Stauffer**

Iniciaremos nossas reflexões acerca da Educação Inclusiva conceituando-a, visto que há controvérsias sobre suas concepções. Assim, para nós, pensar a Educação Inclusiva significa entender a instituição de nossa sociedade a partir das diferenças.

A perspectiva inclusiva aparta-se da ânsia de homogeneização dos seres humanos, visto que esta homogeneização tem gerado a exclusão. Portanto, exclusão/inclusão são movimentos que se embatem, que lutam, que se antagonizam. Conforme Sawaia (1999: 9),

> [...] a exclusão é processo complexo e multifacetado, uma configuração de dimensões materiais, políticas, relacionais e subjetivas. É processo sutil e dialético. [...] Não é uma coisa ou um estado, é processo que envolve o homem por inteiro e suas relações com os outros. Não tem uma única forma e não é falha do sistema, ao contrário, é produto de seu funcionamento.

---

* Mestre em Educação, chefe da equipe de Educação Especial da Secretaria Municipal de Educação de Duque de Caxias.

** Doutoranda em Educação, implementadora da Equipe de Educação Especial, da Secretaria Municipal de Educação de Duque de Caxias.

Quando nos desafiamos a realizar a inclusão pensamos na oportunidade de ressignificar a escola pública, minando as práticas excludentes que têm se configurado em seu interior. Cabe-nos ajudar a reinventar essa escola, reinstituindo a idéia de sua criação a cada dia. Segundo Valle (1997), a escola pública surge como parte do projeto político de uma sociedade que pretendia elaborar uma nova cultura, tendo a ação coletiva como necessidade. A educação é concebida, pela primeira vez, como um projeto humano, como um projeto político que tinha por meta instituir o novo cidadão. Nessa ação coletiva vinha à tona não só os investimentos de muitos, seus desejos, suas paixões, mas também os limites de suas ações. Nos dias de hoje, esse conflito de desejos, de investimentos e, sobretudo, o entendimento da imbricação contínua entre teoria e prática continua presente. Todos os embates estão aí postos, todas as contradições, nossos investimentos e nossas expectativas. Assim, a escola é pública também por ter como pressuposto a aceitação de toda essa diversidade, permitindo que em seu interior se trave o diálogo, a resistência, a negociação, os embates. É o local que deve ser de todos, pois é com essa ação coletiva e com a preocupação de abrigar a diversidade que ela poderá continuar a ser chamada de pública.

Sabe-se que esta escola pública trouxe também todo o avesso de suas intenções iniciais. A crise da escola se inscreve no interior da crise societária. Nosso desânimo, nossa tristeza, nossa frustração e — o pior de tudo — nossa paralisação vêm no bojo de toda uma ideologia neoliberal que insiste em nos fazer acreditar que não há mais nada para se fazer — tudo já foi feito e tudo já está dado. Mais que se proclamar o fim da história, proclama-se o fim do sujeito (Frigoto, 2003),[1] que é o autor da história. Se esta escola é depositária de nossas frustrações e ilusões, é também de nossas utopias. É nessa perspectiva dos contrários, dos choques e dos encontros que entendemos que a escola pública pode se reinstituir pensando a lógica da inclusão.

Se esta escola já foi alvo de críticas relativas às práticas excludentes que desenvolveu ao longo de sua história, estas foram frutos de nossa

---

1. Comunicação oral realizada na 29ª Reunião Anual da ANPED, outubro de 2003, no GT Trabalho e Educação.

existência enquanto seres humanos. Não foi a escola pública que inventou a exclusão, mas fomos nós, seres humanos, instituídos por e instituintes de certa cultura que fomos criando maneiras de discriminar, classificar, categorizar e excluir. A vida social, como escreve Velho (2001), é a existência destas diferenças, possibilitando-nos trocas, comunicação e intercâmbio, em que as relações de poder e a presença de conflitos se fazem presentes a todo momento.

A partir de um olhar diferenciado para os atuais paradigmas de educação, escola, currículo, sujeito, seremos capazes de construir uma "educação de qualidade nas escolas públicas".

Vários documentos[2] têm anunciado o direito de todos terem direitos. Entretanto, a complexidade de lidar com a diversidade afasta, cada vez mais, a concretização desses direitos. Quando se trata de propiciar condições iguais e justas para todos, temos ainda muito que fazer.

E este fazer é uma empreitada difícil, coletiva, em que as histórias individuais se entrelaçam à história social em que vamos modificando as condições nas quais vivemos, pois, conforme toda a obra de Freire ensina, o mundo não está dado de uma vez por todas; ele não é um processo acabado, mas em construção.

O processo de ser, esse devir, só pode ser instituído pelos seres humanos, em seu presente, a partir do que se elaborou em seu passado. Entendemos a história humana constituída não por uma linearidade, mas como um tempo de criação-destruição, um tempo que não é exterior a nós, mas criado por nós e que também nos faz.

[...] é só então que podemos estar verdadeiramente presentes no presente, abertos ao futuro e mantendo com o passado uma relação que não seja nem repetição, nem rejeição (Castoriadis, 1982: 85).

Constituindo-nos como educadoras de escolas públicas, constatamos o descompasso entre a prática desenvolvida e as políticas públicas em

---

2. Constituição Federal (1988), Estatuto da Criança e do Adolescente (1990), Plano Decenal de Educação Para Todos: 1993-2003, Declaração de Salamanca (1994), Lei de Diretrizes e Bases (1996), Diretrizes Nacionais para a Educação Especial na Educação Básica (2001), entre outros.

educação não efetivadas. Assim, concretizar a escola pública como espaço inclusivo nos leva a buscar a elaboração e a concretização de políticas públicas com este fim. Neste desafio, vimos nos questionando, colocando em xeque nossas concepções e ressignificando nossa práxis. Nossos tropeços, nossas dificuldades, mesmo nos paralisando em determinadas situações, eram os primeiros patamares que nos lançavam à busca de novas respostas. Representaram obstáculos a serem ultrapassados para que pudéssemos constituir não só uma escola pública para todos, mas uma sociedade onde os seres humanos sejam verdadeiramente sujeitos de direitos.

Uma de nossas apreensões referiu-se à prática avaliativa, homogeneizadora e excludente que as escolas desenvolvem em relação aos seus educandos. Trabalhando mais próximas aos educandos com necessidades educacionais especiais, precisamente daqueles que apresentam alguma deficiência mental, entendemos ser pertinente pensar em como a pessoa com deficiência vem sendo avaliada no decorrer da história da humanidade e como tem se tentado desconstruir e ressignificar uma avaliação de cunho positivista e psicométrico, onde o sujeito é reduzido e aprisionado ao seu quociente de inteligência (QI), para construirmos, aos poucos, uma avaliação mais dinâmica na qual a história e a cultura do sujeito e de seus familiares estejam presentes, considerando a complexidade que a vida de cada ser humano apresenta.

Aquela visão reducionista nunca nos ajudou a compreender o educando com o qual trabalhamos. Assim, embasávamo-nos na teoria piagetiana para desenvolvermos nossa leitura pedagógica em relação ao desenvolvimento desse sujeito. Resumindo a visão acerca do desenvolvimento, ressaltamos alguns pressupostos de Piaget que o caracterizam como: evolutivo, cumulativo, temporal e universalmente similar, produto do processo de maturação e da relação do sujeito com o meio externo. Assim, o processo de construção de conhecimento desencadeia-se pela ação do sujeito por meio de seus mecanismos de assimilação e acomodação. A primeira condição para a estruturação cognitiva seria a ação como forma de adaptação do organismo ao meio por intermédio dos esquemas motores. Esta adaptação provoca a modificação e a transformação desta estrutura, pois há uma participação ativa do sujeito nos diferentes processos de elaboração, seleção, combinação e organização das informações, permitindo a realização de novas aprendizagens.

A partir dos estudos de Inhelder (1963), colaboradora de Piaget, é constatado que as pessoas com deficiência mental elaboram os conhecimentos de forma lacunar e inacabada, dadas as limitações estruturais de natureza orgânica, que acabam por dificultar as trocas mais elementares com o meio.

Esta teoria também nos foi insuficiente para entender e desenvolver o trabalho pedagógico. Não víamos nossos alunos como sujeitos inacabados e limitados, mas como sujeitos históricos, produtores e inseridos numa cultura. Foi assim que nos aproximamos das concepções sócio-históricas, estudando sobretudo Vygotsky, que teve parte da sua obra dedicada ao estudo de pessoas com deficiências, inclusive aquelas com deficiência mental. Conceitos como zona de desenvolvimento proximal (ZDP) e compensação[3] são importantes para a ressignificação do trabalho com estas pessoas.

Realizaremos, a partir de então, uma síntese dos aspectos relevantes que são abordados em nossa avaliação, tais como: o brincar, a escrita, o desenho e os aspectos sociais e afetivos, perpassando esta discussão pelo conceito de deficiência mental da AAMR (Associação Americana de Retardo Mental, 1992)[4] que traz uma abordagem dinâmica de avaliação.

É mister ressaltar que nossa mirada é pedagógica. Neste sentido, queremos entender esse sujeito como um ser histórico, que inicia sua aprendizagem muito antes de sua chegada na escola, aprendizagem esta propiciada pelo seu meio cultural. Assim, entendemos a avaliação como um processo de investigação que começa em nosso espaço de trabalho, mas que deve continuar na escola, local que tem por função, numa perspecti-

---

3. Estes conceitos serão explicitados no corpo do texto.

4. Funcionamento intelectual geral significativamente abaixo da média, oriundo do período de desenvolvimento concomitante com limitações associadas a duas ou mais áreas da conduta adaptativa, ou da capacidade do indivíduo em responder de forma adequada às demandas da sociedade, nos seguintes aspectos: comunicação, cuidados pessoais, habilidades sociais, desempenho na família e comunidade, independência na locomoção, saúde e segurança, desempenho escolar, lazer e trabalho (Brasil, 1997).

va vigotskiana, fazer com que a criança ultrapasse seus conhecimentos espontâneos em direção à elaboração de conceitos científicos.

A avaliação é um "processo mediante o qual se busca conhecer, através da observação e análise das atividades da criança, informações significativas que podemos obter de sua dinâmica familiar, de sua escola, enfim, de seu contexto social e cultural" (Guillermo, 1998). É importante reconstruir a história anterior do desenvolvimento do sujeito, conhecendo o que levou à necessidade da avaliação.

Observamos, por meio da triagem e da própria avaliação, a necessidade de ouvirmos a família falar não só do(a) filho(a) que ali está, como do grupo familiar em geral, da escola, da vida clínica desta pessoa. Nesta escuta, podemos detectar, minimamente, as trocas que se estabelecem no interior deste grupo familiar — se é controlador, permissivo, superprotetor etc. Essa escuta nos permite iniciar a compreensão desse sujeito, inserido em seu contexto sócio-histórico singular.

Esses aspectos podem ser inicialmente percebidos de modo informal, por intermédio de observação do sujeito, em situações diversas tais como:

- as atitudes apresentadas pela pessoa a ser avaliada ao chegar — se é curiosa, se está passiva, tímida, arredia, agressiva, entre outros;
- sua relação frente à mãe ou responsável;
- a forma como a pessoa a ser avaliada se coloca diante de seu grupo familiar, sua escola e diante de outros grupos sociais dos quais ela participa.

Quando temos olhos para ver, observamos que quando a pessoa brinca, desenha, escreve, joga etc., reflete sua maneira de pensar e sentir, enfim, como está se organizando frente à sua realidade na interação com os outros e com os objetos do seu contexto. Ao analisar as produções da criança, adolescente ou adulto, apontamos possibilidades para a continuidade do processo, entendendo o desenvolvimento numa visão prospectiva. A ação da criança ou de qualquer pessoa reflete o seu desenvolvimento cognitivo, afetivo e emocional. Para tanto, é necessário que seja considerado não só o nível de desenvolvimento real, ou seja, o que a pessoa consegue fazer sozinha, mas também aquilo que consegue fazer com a ajuda dos outros, percebendo, assim, sua zona de desenvolvimento proximal, que se define, segundo Vygotsky (1989c: 79), como:

> [...] a distância entre o nível de desenvolvimento real, que se costuma determinar através da solução independente de problemas e o nível de desenvolvimento potencial, através da solução de problemas sob a orientação de um adulto ou em colaboração com companheiros mais capazes [...]. O nível de desenvolvimento real caracteriza o desenvolvimento mental retrospectivamente, enquanto a zona de desenvolvimento proximal caracteriza o desenvolvimento mental prospectivamente.

Falar em avaliação em nosso contexto nos faz pensar em respostas esperadas tanto pelas unidades escolares em relação ao(à) aluno(a) que não aprende, como pelas famílias que nos procuram. Sendo assim, citamos o que Lispector (1994: 137) escreveu sobre a insatisfação com as respostas colocadas como estáticas e definidoras da realidade.

> Eu tinha a capacidade da pergunta, mas não a de ouvir a resposta [...] Não, nem a pergunta eu soubera fazer. No entanto, a resposta se impunha a mim desde que eu nascera. Fora por causa da resposta contínua que em caminho inverso fora obrigada a buscar a que pergunta ela corresponda. Então eu me havia perdido em um labirinto de perguntas, fazia perguntas a esmo, esperando que uma delas ocasionalmente correspondesse à da resposta, e então eu pudesse entender a resposta.

A autora nos faz pensar em ousar na busca de respostas e, havendo insatisfação, formularmos outras perguntas. Como já explicitamos, buscamos uma avaliação que enfoque os aspectos cognitivo, afetivo e social, através do brincar, do desenho, da escrita e das diversas expressões apresentadas pela pessoa. O fundamental é observar que esta pessoa está representando a sua realidade vivida e como utiliza seus conhecimentos. Não há um modelo estático, ou, podemos dizer, "certo", um padrão a ser seguido rigidamente.

Com esta concepção é que vislumbramos a necessidade de analisar nossa própria avaliação, buscando entender como a pessoa a ser avaliada lida de forma espontânea, a princípio, e é mediada pelo professor, posteriormente, frente aos materiais apresentados (lúdicos, gráficos, entre outros), como os combina e os ressignifica.

Buscamos respostas para as perguntas: como esta pessoa que chega até nós organiza a sua realidade? Como se posiciona frente à vida? Qual a significação que a vida tem para ela: percebendo-se como criadora e recriadora de sua história (que é sempre mediada pela linguagem e pela cultura) ou não?

Passaremos então para a reflexão acerca dos aspectos a serem abordados, fazendo-se necessário o esclarecimento de que apresentamos a referência epistemológica que ensejamos como embasamento e, em hipótese alguma, estamos construindo uma técnica de avaliação.

O brincar

Para Vygotsky (1989c), o ensino sistemático[5] não é o único a promover a zona de desenvolvimento proximal. Ele considera o brincar uma fonte de promoção do desenvolvimento. Desta forma, o brincar cria uma zona de desenvolvimento proximal na criança, pois ela se comporta além do que é habitual na sua idade: "no brinquedo é como se ela fosse maior do que é na realidade" (Vygotsky, 1989c: 117). Neste sentido, o brinquedo é uma atividade geradora do desenvolvimento infantil. O ato de brincar, mediado por outras crianças e pelo professor, viabiliza a construção de uma aprendizagem significativa. "A criança brinca pela necessidade de agir em relação ao mundo mais amplo dos adultos, e não apenas ao universo dos objetos que ela tem acesso" (Rego, 1995: 82).

O ato de brincar reflete a importância das vivências sociais e culturais que constituem a aprendizagem socialmente elaborada. Na brincadeira, as crianças transformam, através da imaginação, os objetos socialmente produzidos e as atitudes e comportamentos de seu ambiente parti-

---

5. Vygotsky, em seu percurso intelectual, sempre se preocupa com as intervenções pedagógicas. Neste sentido, imputou à escola a responsabilidade de desenvolver os conceitos científicos, ou seja, aqueles elaborados na sala de aula, por intermédio da mediação do educador.

cular. Sendo assim, o brincar não é apenas uma atividade que dá prazer, visto que, na verdade, brincando, a criança busca reelaborar suas vivências cotidianas, sendo estas agradáveis ou não. No brincar, a criança cria uma situação imaginária que pode e deve ser construída e mediada.

Outro aspecto fundamental é que o ato de brincar não é natural, mas sim socialmente construído, e esta conquista é fundamental no trabalho pedagógico com todas as crianças, inclusive com portadoras de necessidades educacionais especiais, pois, através desta ação coloca-se em prática a generalização, a imaginação e a fantasia.

A criança com necessidades educacionais especiais, se pensada a partir de uma visão prospectiva, em que o investimento nas possibilidades seja uma constante, tem no brincar uma ação indispensável.

A escrita

Pensar a escrita numa perspectiva vigotskiana é repensar, profundamente, o que a escola tem feito diante do ensino-aprendizagem da leitura e da escrita.

O debate acerca da alfabetização vem acompanhada de seu antagônico — que mais parece a sua complementação —: o fracasso escolar. Recai sobre a alfabetização toda a culpa pelo abandono — ou melhor, pela "expulsão" — de diversos educandos do interior da escola. Definitivamente, o discurso liberal que há muito nos promete o acesso à escola não nos tem garantido a permanência nela.

Tradicionalmente, a escola ensina muito mais as crianças a desenhar letras e juntá-las — ou separá-las — do que propriamente propiciar espaços em que a linguagem viva se faça presente na sala de aula. Em prol de um processo dito "científico" para o ensino da língua escrita, a escola vai criando mecanismos artificiais de treinamento, tornando hermética a aprendizagem da escrita, a tal ponto que se desconsideram as necessidades que os próprios educandos trazem de seu contexto.

Ao analisarmos o fracasso da/na escola com Magda Soares (1995), a autora explana as diversas ideologias que perpassam este discurso. O aluno com deficiência mental também é objeto deste e, sobretudo com ele, podemos identificar o discurso do fracasso escolar não só a partir da ideologia do dom, mas também da ideologia da deficiência cultural. O discurso do fracasso escolar pautado na ideologia do dom diz que se o aluno não aproveita as oportunidades que a escola lhe oferece é porque não tem aptidão, talento, inteligência ou, num vocábulo mais atual, não tem competência.

Se pensarmos na realidade socioeconômica e cultural dos alunos com os quais trabalhamos, estes também são objetos da ideologia da deficiência cultural para explicar seu fracasso na escola. Sendo integrantes de classes sociais economicamente desfavorecidas, apresentam não só a deficiência mental, que lhe é orgânica, mas também uma deficiência cultural. Portanto, nada mais "lógico" que estas pessoas estejam apartadas do processo de construção de conhecimento considerado hegemônico, ou seja, estejam à parte de uma escola regular, confinados às paredes de uma instituição em que só haja iguais a ele — apenas alunos(as) com deficiência mental.

Estas instituições, muitas vezes, reduzem sua ação pedagógica à aquisição de atividades básicas de vida diária e à socialização. Os objetos dos programas escolares são limitados. "Em termos gerais, seus programas de treinamento são concebidos para desenvolver aptidões de auto-ajuda, socialização e linguagem oral elementar" (Telford e Sawrey, 1984).

Há muito, Vygotsky (1989a) alerta para o equívoco de se pautar a educação nesta visão limitada. Critica a pedagogia das escolas que fundamentam seu ensino apenas às questões concretas que podem ser visualizadas:

> Al operar exclusivamente con representaciones concretas y visuales, frenamos y dificultamos el desarrollo del pensamiento abstracto, cuyas funciones en la conducta del niño no puedan ser sustituidas por ningún "procedimiento visual"; precisamente porque el niño retrasado mental llega con dificultad a dominar el pensamiento abstracto, la escuela debe desarrollar esta habilidad por todos los medios posibles. La tarea de la escuela, en resumidas cuentas, consiste no en adaptarse al defecto, sino en vencerlo. El niño retrasado mental necesita más que el normal que la escuela desarrolle

en él los gérmenes del pensamiento, pues abandonado a su propia suerte, él no los llega a dominar. (Vygotsky, 1989a: 119)

Vygotsky (1989a), embasado em psicólogos como W. Stern e T. Lipps, defende a idéia de que a deficiência traz consigo a reorganização radical de toda a personalidade da pessoa, a fim de compensar a sua deficiência.

Assim, não é a deficiência que define a pessoa, a sua personalidade, mas, no entanto, influi nas relações sociais que explicarão seus modos de agir, de ser, de pensar e de se relacionar com o mundo.

Para la educación del niño retrasado mental es importante conocer cómo él se desarrolla, es importante no la deficiencia por sí misma, no la insuficiencia por sí misma, el defecto, sino la reacción que se presenta en la personalidad del niño en el proceso de desarrollo, en respuesta a la dificultad con la que tropieza y la cual resulta de esta deficiencia. El niño retrasado mental está formado no sólo de defectos, su organismo se reorganiza con un todo. La personalidad, como un todo, se equilibra, se compensa con los procesos del desarrollo del niño. Es importante saber no sólo qué enfermedad tiene la persona, sino también qué persona tiene una enfermedad. Lo mismo es posible con respecto a la deficiencia y a los defectos. Para nosotros es importante conocer no sólo qué defecto ha sido medido con exactitud en un niño dado, es decir, qué lugar ocupa la deficiencia en el sistema de la personalidad, qué tipo de reorganización tiene lugar, cómo el niño domina su deficiencia. (Vygotsky, 1989a: 104)

Aliás, é a partir desta forma de reagir à deficiência, de reorganizar-se, que deve se centrar a educação na concepção deste teórico. O meio social, a interação que a pessoa estabelece com este é que irá "empurrar" a pessoa para a vida de compensação. Dependendo das direções tomadas, das situações criadas, do meio no qual se insere, a pessoa com deficiência mental poderá ultrapassar suas dificuldades ou limitar-se a elas, agravando e aumentando a sua deficiência inicial. É por meio da interação social, da relação no coletivo, que a pessoa portadora de deficiência mental poderá desenvolver suas funções psicológicas superiores, pois estas são mais educáveis (Vygotsky, 1991).

Muitas vezes, ao apresentar uma deficiência primária, inicial, o indivíduo com deficiência mental é relegado, abandonado à sua própria sorte. Devido a este "abandono", seu desenvolvimento cultural não é "alimentado" pelo meio, o que faz agravar a deficiência, trazendo complicações secundárias. A escola especial deve ter esclarecidas quais as deficiências primárias e secundárias de seus(suas) alunos(as), a fim de melhor conduzir sua ação pedagógica. "P. N. Gruzdev sublinhou que freqüentemente o ensino está a tal nível que, em vez de contribuir para o desenvolvimento das capacidades intelectuais, na realidade sufoca-as" (Kostiuk, 1991: 25).

É no coletivo, nos embates, nas negociações que ali se estabelecem que surgem novas formas de conduta, é onde a pessoa ativa e exercita suas funções psicológicas próprias. O coletivo é, assim, a fonte do desenvolvimento das funções psicológicas superiores.

É no terreno social, nas interações com os entes mais experientes da cultura que se encontra o centro organizador e formador da atividade mental. É neste lócus que se produz significados e esta produção exige a ação do outro, acontece com o outro. Criamos assim, ações significativas, ações simbólicas, através da linguagem, da cognição, da cultura. Nossas ações são mediadas por signos.

> A palavra, signo por excelência, ganha sentido com o outro ser humano. Impregnada de história, a palavra adquire sentido contextualizado, situado historicamente. Bakthin enfatiza a importância da natureza social do signo, em particular da palavra enunciada e de como esta enunciação desdobra-se ideologicamente. Partindo da concepção de que não há nada só individual, as categorias tais como espaço, tempo, causalidade, estão sendo construídas socialmente — a história se faz pelos homens — "todo signo, inclusive o da individualidade, é social". (Bakhtin, 1992: 59, in Padilha, 2000: 204)

Entendemos que as ações de nossos alunos, não são apenas condicionadas por estímulos externos, mas são mediadas por signos. As práticas culturais nas quais participam são discursivas, de significação, nas quais são criados novos modos de ser.

Para Vygotsky, a palavra transforma e redimensiona a ação humana. É, pois, a linguagem constitutiva e constituidora do ser humano.

A escrita, na escola, deveria permitir que o educando fosse constituindo seu sentido, o fluir do significado. Este sentido, este significado, não é dado individualmente. É por meio do outro, interagindo com o outro ente de nossa cultura que vamos constituindo a nossa subjetividade.

Entendemos que as ações de nossos alunos não são apenas condicionadas por estímulos externos, mas são mediadas por signos. As práticas culturais nas quais participam são discursivas, de significação, nas quais são criados novos modos de ser.

A alfabetização, em nossa concepção, não se limita à codificação/decodificação de símbolos. Muito mais que isto, entendemos a alfabetização como processo discursivo dialógico em que a relação ouvinte/falante é recíproca, onde através da palavra o homem deixa-se dizer e vai se dizendo. "Eu me relaciono (e narro) para mim mesmo como as pessoas se relacionam comigo (e narram para mim) [...]. Eu sou uma relação social comigo mesmo" (Vygotsky, 1989, apud Smolka, 2000: 31).

Como nos diz Galeno (1991: 16), em seu pequeno-grande texto "A uva e o vinho":

Um homem dos vinhedos falou, em agonia, junto ao ouvido de Marcelo.

Antes de morrer, revelou a ela o segredo:

— A uva — sussurrou — é feita de vinho.

Marcela Pérez Silva me contou isso, e eu pensei: Se a uva é feita de vinho, talvez a gente seja as palavras que contam o que a gente é.

Almejamos discutir o processo de alfabetização de nossos(as) alunos(as) tendo a alfabetização enquanto experiência, enquanto espaço de formação. Queremos ver construída em nossos(as) alunos(as) a escrita com significado, em que a pessoa possa tomar a palavra, transgredi-la, pronunciar-se, contar sua história presente/passada/futura. Temos por meta a idéia de Benjamim (1987), de ver a escrita como espaço de diálogo e rememoração, aonde o homem vá se constituindo como sujeito social.

Entendemos que é função da escola organizar a interação, dirigir a atividade da criança para o conhecimento da realidade e para o domínio — por meio da palavra — do saber e da cultura produzidos pela humanidade (Kostiuk, 1991). A escrita, portanto, é uma função que se realiza culturalmente, por mediação, e cabe à escola garantir esta mediação.

Nas sociedades letradas, a linguagem escrita faz parte do discurso social. Tomando por base a perspectiva vigotskiana, esta entende que constitui o processo discursivo interior. É mister salientar que esse instrumental produzido pelos homens historicamente — a escrita — transforma as estruturas psicossociais destes mesmos homens à medida que estes lançam mão dela.

Não obstante, para Vygotsky (1989b), o discurso interior é caracterizado por monólogos, visto que não há um interlocutor imediato. No início do processo da escritura, então, é comum a criança apresentar características deste discurso interior, e sua escrita parecerá:

- desconexa e abreviada;
- quase completamente predicativa, visto que o assunto pensado é conhecido de quem pensa;
- sua sintaxe é abreviada;
- predomina o sentido sobre o significado;
- aglutinam-se das palavras;
- integram-se os sentidos integrados.

O papel da escola, numa concepção sociointeracionista, é proporcionar espaços de dialogia, em que o educando possa vivenciar uma relação inter-intradiscurso.

Ao avaliarmos a escrita da criança devemos levar em conta o processo de simbolização e conceitualização que ela experimenta por meio da interação e da interlocução. Neste processo, é comum observarmos uma sucessão de ziguezagues ou conjunto de formas variadas, pois as crianças buscam apropriar-se dos padrões por elas observados na escrita convencional. Vão, então, explorando direcionalidade, posição, lateralidade, organizando diferentemente o repertório que vão adquirindo.

Numa fase subseqüente, a criança representa pela escrita partes e momentos do discurso. Contudo, o fluxo contínuo da fala se apresenta de forma distinta em sua escrita — pode estar fragmentada ou contínua e sem recortes, ou, ainda, apresentando recortes não convencionais.

> É interessante notar os recortes que a criança faz na sua escritura, e como ela usa o conhecimento que ela já possui do convencional para marcar o fluxo do pensamento. A criança não meramente "grava" fonemas e grafemas, não meramente copia ou repete, mas ela processa, elabora esse conhecimento dinamicamente, discursivamente. E isto se dá a cada passo, a cada momento da escritura: a criança "escreve" de modos diferentes em diferentes momentos de um mesmo texto. (Smolka, 1993: 84)

A criança, nessa fase, empenha-se em produzir textos. Contudo, pode recusar-se a lê-los ou mesmo não conseguir fazê-lo. Gradualmente, ela começa a duvidar de sua escritura, suspeitando de seus "erros", indagando e adequando sua escrita à escrita convencional, pois passa a sentir necessidade desta convenção.

Como já foi ressaltado, numa perspectiva sociointeracionista a dimensão dialógica, interdiscursiva, é primordial. Ter um "outro" para ser o interlocutor no processo de elaboração e organização da escrita proporcionará a reelaboração e a reorganização do pensamento da criança. Este "outro" não precisa (e não deve) ser exclusivamente o educador. Além de estabelecer esta relação com os colegas de classe, a própria criança, ao tornar-se leitora de seu texto, irá alterando, transformando sua escrita. Desta forma, torna-se interlocutora de si mesma, experimentando os papéis sociais de "leitora" e "escritora". A escrita irá sendo elaborada em forma de diálogo consigo mesma e com os outros.

Antes de classificarmos a criança em tal ou qual, em observar como seus textos se apresentam, precisamos ter em mente as formas de organização, interação, participação surgidas nas propostas de trabalho, assim como os distintos materiais e recursos que lhe são proporcionados. Analisar as condições de elaboração e funcionamento da escrita nos oferecerá melhores formas de compreendê-la e avaliá-la.

No que concerne às crianças portadoras de deficiências, Leontiev (1991) há muito destacava que ao serem colocadas em condições adequadas de ensino, fazem progressos, chegando até a superar seu atraso. Isto porque, por intermédio da mediação, investe-se na plasticidade cerebral, propiciando o desenvolvimento semiótico dessas pessoas.

> De modo geral, a escola não tem considerado a alfabetização como um processo de construção de conhecimento nem como um processo de interação, um processo discursivo, dialógico. Com isso, a escola reduz a dimensão da linguagem, limita as possibilidades de escritura, restringe os espaços de elaboração e interlocução pela imposição de um só modo de fazer e de dizer as coisas. Mas essa imposição acaba sendo, de fato, limitada ou ilusória. Pois existe ainda um espaço, um movimento, um dinamismo discursivo no interior da escola. Mesmo bloqueando a "fala", a escola não consegue bloquear o discurso interior. (Smolka, 1993: 76)

O desenho infantil

Discutiremos de forma sucinta, ancorada na concepção sócio-histórica, o conceito de representação no ato do desenhar infantil como atividade compartilhada e socialmente construída, entendendo assim a ação de desenhar como individualmente produzida e coletivamente significada.

As contribuições de Vygotsky são relevantes para a compreensão do desenho. Sua formulação teórica enfatiza a interação social, permeada pela linguagem, como fonte primeira para a interpretação do desenho. Seus pressupostos fundamentais são: a criança como ser interativo, as influências do meio e da cultura, o conviver do grupo social — família, amigos, escola etc. — como instâncias mediadoras junto à criança.

Ressalta a importância da linguagem no processo de desenhar, e não nos desenhos prontos e acabados. Segundo Ferreira (1998), os adultos interpretam o desenho infantil, e muitas vezes essas leituras são equivocadas porque procuram referenciar a imagem à realidade material do adulto. Entretanto, indagamo-nos: o que é real para o adulto? E o que é real para a criança?

O desenho da criança não reproduz a realidade material, mas a realidade conceituada, isto é, representa o conhecimento conceitual que a criança tem do real, conhecimento que é constituído pelo social e para o qual a memória possibilita o registro do que é conhecido. Sendo assim, a criança faz seus desenhos a partir de sua memória, de sua imaginação, do que conhece e percebe de sua realidade social e cultural.

Em sua interpretação sobre os desenhos infantis, Vygotsky não estabelece uma relação fixa entre a idade e estágios do desenho, pois o primordial em sua análise, como já dissemos, é que a mediação, por meio da linguagem, seja estabelecida no momento da produção do desenho.

A mediação da linguagem é, pois, fundamental para a constituição e a interpretação do desenho, pois a percepção e a produção da criança são reveladas pelos significados culturalmente produzidos. Assim, pensando com Ferreira (1998), ressaltamos que o desenho em si não é auto-explicativo, sendo o seu significado múltiplo, ou seja, é dado pela linguagem que demonstra a emoção, o sentido e o significado dados pela nossa inserção no mundo cultural.

O caminho se faz ao andar

Parafraseando Cervantes, sabemos que nosso caminho ainda está para ser percorrido. Longe da pretensão de esgotar o assunto que nos desafiamos a refletir, sabemos que há ainda longos caminhos a serem trilhados para que, efetivamente, possamos concretizar uma *escola pública de qualidade para todos.*

Nosso intuito foi tão-somente colocar em tela de discussão as inquietações, as teorias que, por ora, procuramos conhecer para embasar a nossa prática. Dizemos "por ora" por termos a consciência de que enquanto seres históricos que somos, construiremos outras teorias, novas práticas, outros conhecimentos serão elaborados para dar conta das condições concretas em que vivemos. Assim, entendemos que o conhecimento humano é sempre provisório, posto que em construção, sendo a realidade muito mais complexa que nossos sistemas explicativos.

Elegem-se pautar essa escrita explanando a forma como entendemos a avaliação, não é por considerá-la o único aspecto principal da prática educativa. Contudo, entendemos que ela pode ser um eixo que contribui para a reflexão das práticas excludentes que a escola tem gerado no decorrer de sua história.

Essa exclusão se acentua ao nos depararmos com pessoas com deficiência mental, visto que há uma valorização dos fatores orgânicos da deficiência, desconsiderando-se a afetividade, a subjetividade e a inserção da pessoa com deficiência mental em seu contexto social mais amplo.

Ressaltamos a importância de compreender a pessoa com deficiência mental como um ser que se constitui como sujeito na relação com o outro. Desta forma, é necessário que consideremos sua identidade social real, e não a virtual que lhe imputamos (Goffman, 1988), ou seja, devemos concebê-la pelo que ela é, e não pelo seu *déficit*. Escutar e possibilitar o acesso à palavra da pessoa com deficiência mental permite a compreensão de sua personalidade.

Sabemos que essa mudança de perspectiva frente ao deficiente mental ainda está se construindo. Concretizar não só seu acesso, mas, sobretudo, a permanência na escola pública é uma empreitada nada fácil. Além da reorganização das escolas no aspecto arquitetônico, há a necessidade de uma ética diferenciada, em que uma nova lógica pedagógica, que seja mais inclusiva, deve ser instituída. Este é um desafio para os profissionais e para as políticas públicas.

Não obstante, é profícuo esclarecer que não estamos imputando à escola pública o exercício de todos os males. Queremos reafirmar não somente a nossa "crença", mas nosso compromisso político com este espaço, pois o entendemos como lócus de produção de sentido, onde podemos sonhar — e mesmo concretizar — o ideal de mundo, de sociedade e de seres humanos que almejamos formar.

Bibliografia

BENJAMIN, W. *Obras escolhidas II*: Rua de mão única. São Paulo: Brasiliense, 1987.

BRASIL. *Deficiência mental*: Programa de capacitação de recursos humanos do ensino fundamental. Brasília: SEESP, 1997.

CASTORIADIS, C. *A instituição imaginária da sociedade.* Rio de Janeiro: Paz e Terra, 1982.

FERREIRA, S. *Imaginação e linguagem no desenho da criança.* São Paulo: Papirus, 1998.

GALEANO, E. *O livro dos abraços.* Porto Alegre: L&PM, 1991.

GOFFMAN, E. *Estigma*: Notas sobre a manipulação da indentidade deteriorada. Rio de Janeiro: Guanabara, 1988.

GUILLERMO, A. *El diagnostico prospectivo.* Havana, 1998. Mimeo.

INHELDER, B. *Le diagnostic du raisonnement chez les débiles mentaux.* Suíça, Delachaux et Niestlé, 1963.

KOSTIUK, G. S. Alguns aspectos da relação recíproca entre educação e desenvolvimento da personalidade. In: VYGOTSKY, L. S. et alii. *Psicologia e pedagogia*: Bases psicológicas da aprendizagem e desenvolvimento. São Paulo: Moraes, 1991.

LEONTIEV, A. Os princípios do desenvolvimento mental e o problema do atraso mental. In: VYGOTSKY, L. S. et alii. *Psicologia e pedagogia*: Bases psicológicas da aprendizagem e desenvolvimento. São Paulo: Moraes, 1991.

LISPECTOR, C. *A paixão segundo G. H.* Rio de Janeiro: Francisco Alves, 1994.

PADILHA, A. M. L. Perspectivas que se abrem para a Educação Especial. In: *Cadernos Cedes.* Vygotsky — O manuscrito de 1929: temas sobre a constituição cultural do homem. Campinas: CEDES, n. 71, 2000.

REGO, T. C. *Vygotsky*: Uma perspectiva histórico-cultural da educação. Petrópolis: Vozes, 1995.

SAWAIA, B. (Org.). *As artimanhas da exclusão*: Análise psicossocial e ética da desigualdade. Petrópolis: Vozes, 1999.

SMOLKA, A. L. B. *A criança na fase inicial da escrita*: A alfabetização como processo discursivo. Campinas/São Paulo: Ed. Unicamp/Cortez, 1993.

_____. O (im)próprio e o (im)pertinente na apropriação das práticas sociais. *Cadernos Cedes.* Relações de ensino: Análises na perspectiva histórico-cultural. Campinas: Cedes, n. 50, 2000.

SOARES, M. *Linguagem e escola*: Uma perspectiva social. São Paulo: Ática. 1995.

TELFORD, C. e SAWREY, J. *O indivíduo excepcional.* Rio de Janeiro: Zahar, 1984.

VALLE, L. *A escola imaginária.* Rio de Janeiro: DP&A, 1997.

VELHO, G. Biografia, trajetória e mediação. In: VELHO, G. e KUSCHNIR, K. (Orgs.). *Mediação, cultura e política*. Rio de Janeiro: Aeroplano, 2001.

VYGOTSKY, L. S. *Obras completas*: Fundamentos de defectología. Havana: Editorial Pueblo y Educación, 1989a, v. 5.

_____. *Pensamento e linguagem*. São Paulo: Martins Fontes, 1989b.

_____. *A formação social da mente*. São Paulo: Martins Fontes, 1989c.

_____. Aprendizagem e desenvolvimento intelectual na idade escolar. In: VYGOTSKY, L. S. et alii. *Psicologia e pedagogia*: Bases psicológicas da aprendizagem e desenvolvimento. São Paulo: Moraes, 1991.

Comunicar para Viver ou Viver para Comunicar? Direito mais que natural de qualquer cidadão

Margareth Maria Neves dos Santos de Oliveira*
Bianca Fátima Cordeiro dos Santos Fogli**
Lucindo Ferreira da Silva Filho***

> As coisas que a gente fala vão voando, vão voando, e ficam por todo lado. E até mesmo modificam o que era nosso recado.
>
> Ruth Rocha

O que significa a palavra direito? Pode-se dizer que é uma vantagem líquida e concreta, adquirida conforme os costumes historicamente cons-

---

* Mestre em Educação/UERJ, psicopedagoga/Ucam, pedagoga e especialista em Educação Especial/UERJ, coordenadora do Programa de Inclusão na Educação da Faetec, professora do ensino superior e da SME/RJ, tutora de Educação à Distância do Cederj/Cecierj, e-mail: oswalmarga_2005@yahoo.com.br

** Mestre em Educação/UERJ, especialista em Educação Especial/UFF, MBA em Gestão/FGV, pedagoga/UFRJ, coordenadora do Programa de Inclusão na Educação da Faetec, supervisora educacional da SME de Duque de Caxias, professora e pesquisadora da Ucam, e-mail: biancaucam@bol.com.br

*** Mestrando em Educação/Universidade Estácio de Sá, especialista em Educação Especial/UERJ, pedagogo/UERJ, consultor de Educação Especial, professor de ensino superior, gerente do Programa de Inclusão na Educação da Faetec, e-mail: professorlucindo@bol.com.br

truídos ou de acordo com a lei vigente. Diz-se também que é a faculdade de se ter alguma coisa como sua e dela poder dispor livremente (Bueno, 1995). Os direitos naturais são aqueles que se compõem de princípios inerentes à própria essência humana (Ferreira, 1988). Pessoas com necessidades especiais também têm o direito de levar uma vida normal, de interagir e comunicar-se com independência e autonomia. Em sua educação faz-se premente a oferta de práticas e recursos que favoreçam o desenvolvimento de sua comunicação, para que assim possam se sentir incluídos como cidadãos.

Cidadania e exclusão

A partir do trecho acima exposto, tentaremos analisar os fatores que nos tornam cidadãos, bem como os que nos exclui de tal direito, além de, diante dessa realidade, quais procedimentos devemos ter para nos incluirmos.

O que é ser cidadão? O que significa estar excluído? O que devemos fazer para nos incluir?

Cidadania e exclusão são conceitos tão presentes e interligados à nossa vida e de difícil compreensão devido a sua complexidade, por envolverem diferentes concepções e visões de homem e de mundo de toda a sociedade, que necessitam, portanto, ser clarificados.

Este capítulo visa contribuir para esclarecer o significado de cidadania e de exclusão, sem ter a pretensão de defini-los precisamente, uma vez que são observáveis sob diferentes aspectos.

Breve histórico da formação da sociedade

Para se compreender melhor os conceitos de cidadania e exclusão e seus processos faz-se necessário rever historicamente o processo de formação da sociedade. Para tanto, buscamos o auxílio de Rodrigues (2000).

Os homens travam relações com a natureza e consigo mesmos. Ao transformarem a natureza para atender às suas necessidades, aparece o trabalho, a princípio manual, mas que utiliza simultaneamente a reflexão intelectual. Na melhoria da confecção, facilitação, organização e administração da produção, o homem desenvolveu instrumentos de trabalho e domesticou animais, visando o aumento da produtividade social. Para desenvolver as forças produtivas, organizou a produção junto a seus semelhantes, distribuindo tarefas entre si, surgindo, então daí, a divisão social do trabalho, primeiro genericamente entre homens e mulheres, depois entre a agricultura e a pecuária, entre os artesãos e os administradores e assim por diante. Entretanto, a divisão do trabalho está ligada a diferentes formas de propriedade, de acordo com as relações ocorridas na sociedade e época vigentes. Essas relações de propriedade definem basicamente a separação entre os instrumentos ou meios utilizados para o trabalho, de um lado, e o próprio trabalho, de outro. Segundo Rodrigues (2000: 39):

> "No processo de divisão do trabalho nem sempre os homens que possuem os meios para realizar o trabalho trabalham e nem sempre os que trabalham possuem meios".

Consideramos então que esses modos específicos de divisão e de organização do trabalho, aliados às relações de propriedade, denominados por Marx e Engels de relações sociais de produção, deram início à dominação de alguns homens sobre outros, sendo a base das desigualdades sociais.

A dominação histórica de alguns grupos humanos sobre outros produziu uma distorção na compreensão e valorização das atividades manual e intelectual, promovendo o detrimento da mão-de-obra e a exaltação da atividade cognitiva como estereótipo. Esse panorama ainda hoje existe no Brasil, devido a sua origem escravocrata.

As relações de dominação são processualmente construídas, histórica e socialmente, e aceitas de acordo com a consciência coletiva vigente. No modo de produção escravista antigo (na Grécia e Roma antigas), o trabalho era feito pelos escravos. No feudal, os servos trabalhavam para os senhores feudais. Em ambos os modos de produção citados, o dominado percebia claramente o seu explorador, ou seja, seu dominador. No capitalismo, modo de produção atual, há a oposição entre capitalistas e operários por assalariamento, entretanto o trabalhador não percebe a dominação existente por achar justo e natural receber um salário pelo fruto de seu suor, como nos coloca Rodrigues (2000).

Buscamos novamente o auxílio do referido autor para melhor explicar esse processo denominado por Marx de falsa consciência ou consciência invertida, onde por estarem alienados não conseguem perceber as relações de submissão pelas quais estão envolvidos:

> Ao trabalhador lhe parece natural que certas pessoas tenham que trabalhar em troca de um salário para viver, como se isso sempre houvesse existido e, mais ainda, como se tivesse que continuar existindo sempre. Esse indivíduo não vê a sociedade capitalista como uma sociedade historicamente construída pela luta entre uma classe com intenção de ser a classe dominante (a burguesia) e outras classes, que acabaram sendo submetidas a esta classe dominante, transformando-se em proletariado. (Rodrigues, 2000: 42-3)

A sociedade mostra-se alienada quanto ao modo de produção capitalista, além de condicionada pela mídia, tornando-se consumista em demasia, fazendo-a sentir-se incluída se pode consumir e excluída se não consegue beneficiar-se do consumo. Bauman aborda o "padrão consumista" de nossa sociedade com a seguinte afirmação:

> A maneira como a sociedade atual molda seus membros é ditada primeiro e acima de tudo pelo dever de desempenhar o papel de consumidor. A norma que nossa sociedade coloca para seus membros é a capacidade e vontade de desempenhar esse papel (1998: 89).

Vale a pena observar como Dupas (1999: 5) complementa o assunto:

> [...] relacionado ao processo de globalização e revolução tecnológica ocorrida no setor da informação — pode estar subjacente ao surgimento do conceito de exclusão: a elevação das aspirações de consumo de grande parte da população mundial. O encurtamento das distâncias entre os diversos países do mundo e a exacerbação da mídia global fizeram com que o modo de vida das sociedades de consumo ocidentais, apesar de não estar acessível a todos nem mesmo nos países ricos, fosse tomado como padrão.

INCLUSÃO EM EDUCAÇÃO

Como então fazer com que as pessoas tomem consciência dessa dominação e alienação, cada vez mais acentuadas nos dias de hoje com a invasão da mídia em nossas vidas, com o avanço tecnológico e da informática, gerando economia de mão-de-obra, desemprego e o aumento e distanciamento vertiginoso da estratificação?

Gramsci, citado por Rodrigues (2000), sugere uma revolução no cotidiano, ganhando a batalha das idéias, ou seja, conquistando a consciência das pessoas para criar uma contra-hegemonia.

E o que vem a ser cidadão?

O conceito de cidadania teve diferentes significados de acordo com a sociedade e a época em vigor, segundo as relações de poder, conquistas, lutas, dominações etc.

Na Idade Média, nos conta Mota & Braick (1998) e Castoriadis (1992), com o desenvolvimento de ideais de conquista, é facilitada a prática da guerra, possibilitando a dominação e a exploração de um povo sobre outro, a posse de cidades e territórios e a escravização dos vencidos, havendo assim a mistura dos povos, formando uma comunidade da pólis (cidade) clássica que estava dividida entre cidadãos — os bem-nascidos frutos da própria terra, que eram os aristocratas, os camponeses, os comerciantes e os artesãos, possuidores de terras e de direitos políticos; eram homens, brancos, letrados e proprietários — e os não-cidadãos, ou seja, o restante da população — os estrangeiros, os escravos, as mulheres e as crianças.

A princípio a monarquia era a forma de governo em que o rei abraçava as funções de chefe religioso, militar e jurídico. Com o tempo, os grandes proprietários de terra, em detrimento dos reis, fortaleceram-se, tomando o poder, que se transformou numa oligarquia de nobres que formava e comandava o conselho soberano.

Conforme a nobreza apropriava-se das terras cultiváveis, ganhando cada vez mais poder sobre os pequenos proprietários, estes empobreciam e endividavam-se, perdendo suas terras como pagamento de suas dívidas e até mesmo sua liberdade, ou seja, tornavam-se escravos.

Essa situação levou o partido popular a reivindicar direitos que haviam se perdido, como o fim da escravidão por dívidas, a redistribuição das terras, leis escritas e maior participação no governo.

Entretanto, o partido aristocrático formado pela nobreza negou-se a atender tais reivindicações. A cidade então tornou-se palco de lutas entre o povo (*demo*) apoiado por ricos mercadores, e a nobreza, resultando politicamente dessa crise o surgimento dos legisladores que criaram um código de leis obrigatórias para todos, reservando, porém, os privilégios dos aristocratas, sendo assim atendidas as reivindicações de primeira instância, como: adoção de medidas de incentivo à indústria e ao comércio, além de substituir a condição de nascimento pela riqueza para a participação política do cidadão.

Alguns representantes chegaram ao governo com o apoio do partido popular, que através dessa administração realizaram diversas reformas político-administrativas e agrárias, distribuindo terras e créditos aos camponeses pobres; desenvolveram obras públicas geradoras de empregos; incentivaram as artes e festas esportivas e religiosas, culminando com o surgimento da democracia com princípios de isonomia — igualdade de todos perante a lei —, isegoria — igualdade de direito ao acesso à palavra na assembléia — e de isocracia, igualdade de participação no poder. Era o governo do povo pelo povo. Mota & Braick (1998: 39) ilustram tal administração com as palavras bem colocadas de Péricles:

> Nossa constituição é chamada democracia porque o poder está nas mãos não de uma minoria, mas de todo o povo. Quando se trata de resolver questões privadas, todos são iguais perante a lei, quando se trata de colocar uma pessoa diante de outra em posições de responsabilidade pública, o que vale não é o fato de pertencer a determinada classe, mas a competência real que o homem possui.

Por meio desse recorte histórico podemos analisar que o povo retratado somente pode recuperar direitos perdidos e melhorar sua organização através de reivindicações, lutas e participação política.

Era natural para a época que houvesse a distinção do povo entre cidadãos e não-cidadãos, já que essa conquista se dava, a princípio, a partir de uma hegemonia ou hereditariedade. A cidadania estava relacionada à questão da forma de pertencimento comum a todos.

Entretanto, apenas com a Revolução Francesa, com os ideais de liberdade, igualdade e fraternidade, é que se procurou estender a cidadania às mulheres, ao povo (plebe), devido principalmente ao ingresso das mulheres no mercado de trabalho.

Ferreira (1988: 105) define o conceito de cidadania como "indivíduo no gozo dos direitos civis e políticos de um Estado".

Já no texto de nossa Constituição encontramos tais direitos expressos e legitimados da seguinte forma:

> Título II, Cap. I — Dos direitos e deveres individuais e coletivos (art. 5°) "Todos são iguais perante a lei, sem distinção de qualquer natureza, garantindo-se aos brasileiros e aos estrangeiros residentes no país a inviolabilidade do direito à vida, à liberdade, à igualdade, à segurança e à propriedade";
> Cap. II — Dos direitos sociais (art. 6°) "São direitos sociais a educação, a saúde, o trabalho, a moradia, o lazer, a segurança, a previdência social, a proteção à maternidade e à infância, a assistência aos desamparados...";
> Cap. IV — Dos direitos políticos (art. 14°) "A soberania popular será exercida pelo sufrágio universal e pelo voto direto e secreto, com valor igual para todos, e nos termos da lei...". (Brasil, 1998: 15, 12 e 17)

Analisando o breve histórico de lutas sociais, a definição de Ferreira e o texto de nossa Constituição, percebemos que cidadania é o reconhecimento do cidadão, de seus direitos, deveres e participação, bem como pelo Estado. Sendo assim, a cidadania está vinculada à posse de direitos conquistados, unindo uma idéia de igualdade de direitos, não existindo cidadania sem direitos. Nesse caso, cidadão é aquele indivíduo que participa de uma mesma comunidade política na qual todos têm os mesmos direitos legalmente reconhecidos.

Cabe ressaltar os tipos de direitos descritos na Constituição: direitos sociais, que para nós não passam de meras concessões e que na maioria das vezes nem sequer são usufruídos; direitos civis, os mais elementares, são os direitos políticos primários, sendo os que menos satisfazem aqueles que deles precisam, agravando ainda mais sua exclusão, pois só quem tem recurso pode fazê-los valer; e os direitos políticos, que são a restrição natural ao direito social e civil, que seria apenas o assistencialismo, uma concessão que pode ser retirada.

Os direitos estão vinculados a uma série de deveres, pois o direito beneficia o indivíduo e toda a sociedade. Ao beneficiar a sociedade há o vínculo do dever, da obrigatoriedade de o indivíduo corresponder a esse direito, ou seja, eu tenho direito à educação, mas tenho o dever de aproveitá-la, suficientemente, para retribuir tal direito. Um outro exemplo, tenho direito ao meio ambiente ecologicamente equilibrado, nesse caso, tenho a obrigação de preservá-lo para usufruir desse direito. Portanto, o direito e o dever estão ligados à prática, a um processo. A concepção de cidadania envolve a idéia de igualdade e de subjetividade, pois ela é respectivamente coletiva e individual.

Gómez (2000) define que o sentido da cidadania sempre evoca uma idéia de impulsão, de igualdade como seu componente de direito, responsabilidade, identidade de membros que se consideram plenos em uma comunidade política a um tempo que esta questão da noção de inclusão se define pura e exclusivamente em termos negativos de ser o que não é.

Porém a cidadania pode estar limitada a uma condição. Por exemplo, estrangeiros não naturalizados podem participar dos mesmos direitos e deveres do povo, exceto votar, apesar de que os cidadãos que o podem, votam, mas não escolhem, não decidem. Entendendo a cidadania como a posse de direitos sem distinção de igualdades, a limitação a uma condição é de certa forma uma exclusão, o mesmo acontecendo com os direitos que estão legalizados, mas não acontecem. Nem sempre tivemos os direitos que estão expressos em nossa Constituição; eles se ampliaram porque foram histórica e processualmente conquistados. Vemos, porém, nos últimos anos, a perda progressiva de tais direitos, principalmente os do trabalhador. Temos que defender e assegurar tais direitos, procurando conquistar outros, por meio da participação política para garantir a cidadania, reivindicando e evitando assim os processos de exclusão.

E o que vem a ser exclusão?

Há uma confusão conceitual quanto ao termo exclusão por ser muito complexo, já que abrange diversas concepções, de acordo com variadas visões de homem e de mundo desenvolvidas em cada grupo ou sociedade. Para tal conceito existir deve haver um critério, um vínculo, uma relatividade entre os dois termos que não podem estar pressupostos na expressão do conceito. Ou seja, discutir a concepção de exclusão significa também pensar, discutir ou definir a de inclusão.

Gentili (1995) busca elucidar este aspecto quando afirma que ao analisarmos, por exemplo, a exclusão escolar, acabamos analisando a inclusão, ou seja, estar excluído na educação pode significar estar fora da escola ou ter-se acesso a uma escola de baixa qualidade. Essas diferentes formas de pensar a exclusão educacional fazem referência às distintas maneiras de se ver o vínculo estabelecido entre a negação. A negação do direito cria o afastamento da instituição ou cria a inclusão subordinada dentro dela. São dois conceitos que caminham simultaneamente, mas que em certos momentos um apóia o outro. Por trás desse vínculo está uma relação que serve para explicitar duas direções desse processo. É o significado de estar fora ou dentro da instituição educacional, que são questões altamente relativas. Incluído na escola pode significar estar dentro de uma boa instituição educacional. Excluído da escola pode ser estar fora da escola ou dentro de uma instituição de má qualidade. A questão passa a ser como é qualificado o adjetivo que comumente acompanha o que significa estar dentro. Há, então, mais uma complicação metodológica do conceito. Quando se fala que uma política educacional é excludente porque nega ou limita a possibilidade de permanência do indivíduo na instituição educacional, pode-se afirmar que uma política educacional inclusiva é aquela que permite e possibilita aos indivíduos seu acesso e permanência na escola.

A exclusão e a cidadania podem ser diferentemente enfocadas, observadas segundo interesses e ideologias, gerando assim a sua complexidade. Ambas as concepções se referem a processos, não a condições que somente são reconhecidas em sua decorrência. Devemos nos preocupar não com o termo exclusão em si, mas com os critérios e dimensões em que ela se processa. Ao aparecer como um fato, a exclusão é retirada do seu conteúdo processual, sendo vista na pessoa excluída, na conseqüência, e não na causa.

No estudo desenvolvido por Snow e Anderson (1998) sobre o povo da rua, os autores procuram fazer parte do cotidiano das pessoas desafortunadas, que por inúmeras causas têm de viver na rua, sendo para sobreviver alguns chegam até a vender seu sangue ou procuram as falidas e mal estruturadas instituições de assistência social em busca de abrigo, alimentação, além de socialização, pois esta é uma alternativa de vida extremamente avessa e que produz isolamento e solidão, geradores de problemas psicossociais.

Pode-se então afirmar a existência da exclusão conforme o referencial teórico, sendo tal processo de exclusão questionável, dependendo do contexto sociopolítico e econômico no qual está inserido. Ou seja, vemos que existem excluídos — como desempregados de longa duração e jovens mal formados em busca de emprego, crianças de rua e desabrigados, além daqueles considerados pelas sociedades predominantemente exclusivas como alguém desprovido de qualquer direito ou reconhecimento social, como os leprosos, os loucos, os criminosos, os deficientes mentais, entre outros tipos de deficientes etc. —, mas o importante é saber qual processo levou-os a essa condição de vida, principalmente para que sejam tomadas medidas políticas preventivas, e não apenas provisórias e meramente reparadoras. Isto muda por completo a abordagem, o enfoque, ou seja, uma coisa é estudar processos, outra é estudar condições. Focalizando-se o contexto da exclusão evita-se uma série de erros políticos, que têm se tornado permanente, não acabando com a exclusão, e sim aumentando o produto dela, isto é, o número de excluídos.

O pior dessa situação é que com um histórico significativo de fracasso das políticas públicas, tal panorama torna-se natural diante dos olhos da sociedade, desenvolvendo um imaginário socialmente distorcido no que diz respeito a atribuir estereótipos, rótulos e estigmas, formando julgamentos que condenam os desafortunados como se fossem responsáveis pelo próprio infortúnio, conforme nos aponta Telles (1999).

Então, quais são as causas da exclusão?

De acordo com Hirschman (1992), o capitalismo, nos últimos 200 anos, foi se desenvolvendo e se ampliando com o reconhecimento de direitos. Esse modo de produção é um processo de avanço que ao mesmo tempo desperta um processo de retrocesso. Marx afirmou que a inclusão de todos no trabalho, tentando desenvolver-se a igualdade, conseguiu aumentá-la, transformando os donos do capital em indivíduos cada vez mais poderosos, ricos (concentração de renda) e simultaneamente aumentando a pobreza, devendo, portanto, sofrer inúmeras reformas, para que não seja mais fonte de desigualdade, negando-o e buscando uma transformação, não explorando, superando o sistema vigente, buscando uma contra-hegemonia.

Observamos que o processo econômico-financeiro tem sido o grande responsável por tal fenômeno, principalmente com o aumento da tecnologia, da informática, do discurso da globalização, da qualidade total e da privatização, que eliminaram fronteiras geográficas, tornando crescente a redução e simultânea exigência de mão-de-obra extremamente preparada, gerando instabilidade, desemprego e a privação de atendimentos que eram nossos por direito. Aliados a isso, encontramos a discriminação de categorias excluídas — de gênero e raça, relegando, em sua maioria, negros, mulheres e jovens malformados a subempregos do setor informal —, de portadores de necessidades especiais, de presidiários, além de nos depararmos a todo momento com a injusta impunidade da elite, classe dominante que se beneficia das políticas públicas e até sociais.

Se por um lado a globalização é excludente, pois facilita a atuação das empresas transnacionais, economizando mão-de-obra, gerando cada vez mais desempregos, por outro leva informações e tecnologias essencialmente necessárias ligadas a saúde, educação, cultura, entre outras áreas para todos os países do mundo, inclusive os mais carentes, apesar de nem todos estarem ligados à informática, como nos coloca Therborn (1999).

Nesse panorama, como a nossa Constituição pode falar de igualdade de direitos e deveres sem distinção, como no Cap. II, art. 6º:

> "São direitos sociais a educação, a saúde, o trabalho, a moradia, o lazer, a segurança, a previdência social, a proteção à maternidade e à infância, a assistência aos desamparados, na forma desta Constituição" (Brasil, 1998: 12).

Em uma outra análise, podemos observar que, além de esses direitos estarem descritos na Constituição, eles são oferecidos pelo Estado. A desigualdade, então, encontra-se no processo como se dá essa oferta, de que maneira, com que qualidade. Essa oferta está vinculada a interesses hegemônicos. Tal diferença nem sempre é percebida pela classe popular, pois sem conhecimento de seus direitos e de que eles são frutos da arrecadação de taxas e impostos por ela pagos, cria-se um imaginário social de que o Estado e seus governantes são "bonzinhos", haja vista que estão "dando" uma vaga na creche ou na escola ou atendendo-a através de medidas provisórias, como o cheque cidadão, por exemplo, que para o indivíduo desempregado, responsável por uma família, que no momento não tem nada, nenhuma renda, passar a recebê-lo, soluciona temporariamente o momento de infortúnio, começa a ser encarado como um milagre e não como a atenuação de uma situação extremamente grave que este mesmo Estado tem de dar conta, buscando entretanto a forma que acredita ser mais fácil e que gerará votos, ao invés de "atacar o mal pela raiz", enfrentando os donos do mercado internacional, investindo em uma política preventiva, de reorganização do trabalho, criando novos, duradouros e estáveis empregos, promovendo a distribuição igualitária de renda etc.

Estas são, porém, tomadas de decisões políticas não muito fáceis, segundo Hirschman (1992: 30) nos coloca:

> Na economia, mais que em qualquer outra das ciências sociais, a doutrina do efeito perverso está intimamente ligada a um dogma central da disciplina: a idéia de um mercado que se auto-regula. Na medida em que essa idéia é dominante, qualquer política pública que tenha por meta mudar resultados do mercado, tais como preços ou salários, torna-se automaticamente uma interferência nociva em processos benéficos de equilíbrio.

A exclusão faz referência não ao excluído, e sim ao processo que torna essa pessoa sujeita a uma determinada condição. Neste ponto, ao atender a classe popular a partir de medidas provisórias ou compensatórias para os excluídos, também chamadas de políticas contra a exclusão, são definidos e delimitados critérios de carência, denominados linha de pobreza, para que a população-alvo tenha o direito a receber a assistência

INCLUSÃO EM EDUCAÇÃO

circunstancial necessária. Todavia, pode-se observar duas formas de exclusão: a do excluído que está sendo discriminado positivamente, já que perceberá o benefício de acordo com a inclusão/reinserção condicional, desde que aceite o vínculo de subordinação da linha de pobreza, e a do que está fora da linha de pobreza, precisando tanto ou mais do que aquele que está incluído, devido a gastos desconsiderados pela assistência social. Este último passa a querer fazer parte da população-alvo, desejando descer à linha de pobreza que o tornará incluído no benefício naquele momento, sentindo-se injustiçado caso não o consiga.

Sobre isso explanou Gentili em palestra proferida na Universidade do Estado do Rio de Janeiro — UERJ, em 16/10/2000:

> Se nós considerarmos a exclusão com um processo, o projeto político contra a exclusão será aquele que acabe com o processo que produz excluídos. A renda mínima não é uma política contra a exclusão, pois não acaba com a condição de exclusão, já que o pobre continua sendo pobre, por ter a renda mínima não deixa de ser pobre, será um pobre com renda mínima. A política contra a exclusão é a que acaba com os processos que produzem a pobreza do pobre. No caso do Brasil, vemos a concentração de renda aumentando as desigualdades. A política contra a exclusão é a que quebra a perversa lógica de acumulação do capital de um país, onde os ricos enriquecem, ficam cada vez mais ricos, e os pobres empobrecem, ficando cada vez mais pobres.

Embora uma grande parte da população não tenha consciência dessa dominação e do distanciamento vertiginoso da estratificação, podemos destacar alguns fatos ocorridos durante o final do século passado, denominado século de mobilizações, apesar de ter sido visto como sombrio, no qual alguns movimentos populares de participação e/ou contestação dessas situações de desigualdade procuraram criar uma contra-hegemonia.

Do pós-guerra até os anos 1990 foram os tempos áureos de emprego. Nos anos 1960 houve a participação da comunidade rural; nos anos 1970 surgira vários movimentos de resistência, os direitos começam a ser criticados, questionados e limitados; nos anos 1980, com a crise da ditadura, surgem as políticas predadoras neoliberais, aconteceu a participação popular, deixando de ser a comunidade, enfocando o povo como sujeito político que luta por direitos (transporte, moradia, saúde etc.), com o lema: "O povo unido jamais será vencido". Ocorreu a criação de sindicatos, que mudaram a conjuntura de questionamentos para a negociação. Vários membros da oposição ascenderam ao poder pela primeira vez.

Com as políticas neoliberais e reformulações políticas houve uma desestruturação dos movimentos populares. A Igreja abandona alguns movimentos pastorais; os sindicatos mostram-se mais preocupados com a sobrevivência e com a preservação de empregos do que com o aumento de salários. Surgem as ONGs, criando, assim espaço para as parcerias. Nos anos 1990 manifesta-se a política das parcerias: participação cidadã, cidadania individual com participação passiva. Há, entretanto, o ressurgimento das lutas rurais com o Movimento dos Sem-Terra (MST), que criou estratégias que viraram referência quanto a projetos de educação, assentamento, acesso ao crédito, entre outros. Na zona urbana surgem outros movimentos temáticos de participação, que visavam um engajamento nas políticas públicas (inclusão), caminhando para uma redefinição da esfera pública, reivindicando espaço e ética, como movimentos contra as reformas estatais, movimentos dos caminhoneiros, parando a produção, movimento cidadão — justiça social, movimento de mulheres (movimento de gênero), movimento da questão de raça, movimento dos índios (direito à alfabetização na própria língua, mais bem estruturado), e os seguintes movimentos sociais: luta por creche, Ação Contra a Fome (Campanha do Betinho) e Ética na Política, com a deposição do presidente Fernando Collor.

Com o discurso da qualidade instaurando-se em todas as instâncias, incorporam-se eixos da luta contra a exclusão, não bastando apenas o protesto, mas apontando-se propostas para a solução, por meio da subjetivação social, da solidariedade, da necessidade do indivíduo. É a teologia da libertação, da participação, olhando o outro, o meio, o meio ambiente. A democracia passou a ser revalorizada, promovendo-se o movimento da consulta popular para o não-pagamento da dívida externa. A educação passa a ter como pressuposto, além da aquisição de conhecimento, a formação crítica. Linguagem e fala, papel central, e as manifestações artísticas passaram a ter a mesma importância que a matemática, além da necessidade de acesso à informação. É a pedagogia da qualidade, do ver, do ouvir, do se comunicar e do participar. Surgiu então a gestão participativa/participação cidadã da comunidade, a escola dialogando com os sindicatos, com a associação de pais, de bairros, sendo formados os conselhos para o orçamento participativo: Fundef, o da Alimentação e o Municipal da Educação.

Analisando o histórico apresentado, identificamos a luta do povo por melhores condições de vida, de poder exercer realmente a cidadania de forma plena, como expressa nossa Constituição. Vemos a conquista de alguns direitos e perda de outros. Porém se tais conquistas ainda não se apresentam de forma significativamente consistente, devemos considerar que estes são produtos da luta de uma minoria que possui consciência política e que busca, assim, a participação. Apenas com esse despertar e desalienação do povo é que poderemos reivindicar direitos, sem esperar apenas o consentimento do Estado, mas principalmente a união da "massa", da sociedade, sendo solidária e não discriminatória, dando assim o primeiro passo, deixando de ser excludente e lutando contra a exclusão.

Retomando a parte inicial deste capítulo, que trata do direito das pessoas com necessidades especiais de levar uma vida normal, de interagir e comunicar-se com independência e autonomia, é lógico afirmar que a exclusão para este segmento de pessoas é ainda maior. As pessoas com deficiências, além de ter percorrido o histórico excludente passado pelas minorias, também passaram pelo histórico excludente mais específico a elas, sofrendo desde o extermínio, o abandono, a exploração, a humilhação, a perseguição, por atribuí-los como enviados de Deus ou de satanás, até a proteção e o cuidado (segregação), tendo como presentes aliados, nos diferentes períodos, a discriminação e o preconceito.

Entretanto, como já foi visto, as conquistas inclusivas, em sua maioria, acontecem através da própria luta, desses segmentos, por direitos, não deixando de lado a nossa obrigação, enquanto educadores, de oferecer práticas e recursos que favoreçam o desenvolvimento de sua comunicação e de seu processo de aprendizagem.

A exclusão pode ser atribuída a inúmeros fatores, seja por carência de formação profissional, por desconhecimento das características e necessidades de cada deficiência por parte dos profissionais, alunos, pais e/ou responsáveis, ou até mesmo por falta de vontade de reformular valores e criar novos conceitos em relação ao outro, principalmente se pensarmos que a deficiência não atinge somente a quem nasceu com ela, mas que qualquer um de nós pode vir a ser uma pessoa que necessite de atenção, educação ou atendimento especial devido a circunstâncias inesperadas.

A linguagem oral é a forma de comunicação por excelência do ser humano. Na sua falta, infinitos podem ser os prejuízos em seu desenvolvimento cognitivo, afetivo e social. Cerca de uma em cada duzentas pessoas é incapaz de comunicar-se através da fala devido a fatores neurológicos, físicos, emocionais e cognitivos. (Nunes, 2003)

Para as pessoas que não conseguem comunicar-se devido a fatores orgânicos e até mesmo psicológicos, existem sistemas de comunicação alternativa e ampliada (CAA), que surgem na tentativa de atender às necessidades educacionais especiais de comunicação, como um recurso para oferecer-lhes meios de expressão de seus sentimentos, pensamentos e idéias a respeito do mundo que as cerca e conseqüente participação e interação em espaços familiares, escolares e profissionais, promovendo assim o exercício da cidadania, a conquista da independência e da autonomia, já que é um conjunto de recursos, métodos e técnicas que possibilitam e ampliam a comunicação.[1]

Quem necessita de comunicação alternativa e ampliada?

Quem são as pessoas que podem se beneficiar de sistemas de comunicação alternativa e ampliada?

As deficiências e distúrbios que geram a incapacidade de comunicação podem ser oriundas de doenças congênitas ou adquiridas, de traumas ou lesões, podendo encontrar-se instaladas desde a concepção, acontecer

---

1. Ver, por exemplo, os estudos de Nunes, 2003.

durante o parto, ou surgir no decorrer de nossa existência. Portanto, crianças, adolescentes e adultos podem vir a ser usuários de CAA em alguma fase ou por toda a vida.

Vale descrever, de forma breve, algumas deficiências encontradas na escola que podem necessitar de recursos da CAA, além de ressaltar que muito freqüentemente os usuários de CAA possuem a associação de duas ou mais deficiências, sendo então portadores de deficiências múltiplas.

Deficiência motora

Pode-se dizer que a deficiência motora é uma incapacidade física. A Política Nacional para a Integração da Pessoa Portadora de Deficiência — PNIPD (Brasil, 1989: 1) considera que uma pessoa tem deficiência física quando apresenta.

> alteração completa ou parcial de um ou mais segmentos do corpo humano, acarretando o comprometimento da função física, apresentando-se sob a forma de paraplegia, paraparesia, monoplegia, monoparesia, tetraplegia, tetraparesia, triplegia, triparesia, hemiplegia, hemiparesia, amputação ou ausência de membro, paralisia cerebral, membros com deformidade congênita ou adquirida.

A PNIPD indica a deficiência física como incapacidade de utilizar os membros de forma parcial ou total, citando inclusive a paralisia cerebral, mas deixando à parte, contudo, as incapacidades e dificuldades relativas ao aparelho fonoarticulatório. Neste ponto será dada ênfase às pessoas com paralisia cerebral.

As alterações motoras que envolvem órgãos diretamente ligados à fala (articulações da boca, controle da língua, faringe etc.) podem provocar ausência ou insuficiência de controle desses órgãos, bem como a impossibilidade de articular sons de forma compreensível (anartria[2] e a

---

2. Impossibilidade de articular as palavras devido à paralisia de certos músculos do aparelho fonador.

disartria[3]) impedindo assim a utilização da fala como meio de comunicação. Algumas pessoas podem apresentar deficiências motoras somente nos membros, tendo a fala preservada. O contrário também pode ocorrer, ou seja, ter a fala comprometida, não apresentando deficiências motoras em outros órgãos e membros. Entretanto, existem pessoas que possuem deficiências motoras tanto nos membros quanto nos órgãos da fala, podendo apresentar a área cognitiva preservada ou não (Von Tetzchner e Martinsen, 2000).

Segundo Fischinger (1984), paralisia cerebral é um distúrbio sensório-motor não progressivo causado por lesão cerebral, a qual dificulta o desenvolvimento normal do cérebro, acarretando a perda da sensibilidade motora. De acordo com o grau de severidade nas áreas de desenvolvimento, os indivíduos com paralisia cerebral podem apresentar comprometimento global leve, movimentando-se com independência, realizando atividades motoras finas, como desenhar, encaixar, recortar etc., construindo frases com mais de duas palavras e demonstrando bom desempenho intelectual e boa adaptação social. Pessoas com comprometimento cerebral moderado apresentam dificuldades na locomoção, sendo necessário suporte material e/ou humano. A motricidade fina é limitada, e necessitam de manutenção e assistência para executar atividades de vida diária. Podem apresentar os aspectos cognitivos limitados.

Algumas pessoas com paralisia cerebral que apresentam severos prejuízos podem ser totalmente dependentes no nível da motricidade grossa e fina, com linguagem e fala comprometidas, podendo demonstrar prejuízos na capacidade intelectual.

Partindo do grau de comprometimento, indivíduos portadores de paralisia cerebral têm limitação intelectual em graus variáveis. A limitação motora provoca distorções na comunicação com o meio, na construção do espaço e suas relações. Uma criança com paralisia cerebral, pode levar muito mais tempo que aquela dita normal para atender e armazenar uma informação.

---

3. Dificuldade na articulação das palavras por perturbações nos centros nervosos.

Deficiência mental

Este tipo de deficiência apresenta diversos tipos de terminologia, como: atraso mental, retardo mental, deficiência intelectual, déficit cognitivo, dificuldades severas de aprendizagem. Retardo mental tem sido mais aceito nos meios educacionais e clínicos (Von Tetzchner e Martinsen, 2000). Segundo a PNIPD (Brasil, 1989: 2) uma pessoa tem deficiência mental quando apresenta...

> funcionamento intelectual significativamente inferior à média, com manifestação antes dos dezoito anos e limitações associadas a duas ou mais áreas de habilidades adaptativas, tais como: comunicação; cuidado pessoal; habilidades sociais; utilização da comunidade; saúde e segurança; habilidades acadêmicas; lazer; e trabalho.

Esta definição mostra que além de comprometimento intelectual, o deficiente mental pode apresentá-lo em outras áreas, aqui mais especificamente na da comunicação.

Transtornos invasivos do comportamento

A Política Nacional de Educação Especial — PNEE (1994) classifica os transtornos invasivos do comportamento como condutas típicas. Esta terminologia está relacionada ao comportamento manifestado por indivíduos, típico de quem possui síndromes e quadros psicológicos, neurológicos ou psiquiátricos. Esta população, em sua maioria, apresenta atrasos no desenvolvimento e prejuízos no relacionamento social, em grau que requer atendimento educacional especializado.

Esses transtornos não apresentam diagnósticos totalmente fechados quanto a enquadrarem-se como deficiência ou doença, bem como no que se refere a suas causas, sendo tidas como neurológicas, biológicas, psicológicas etc. Os transtornos invasivos do comportamento abrangem algumas síndromes, como a do autismo, de Rett, de Asperger, a da infância desintegrativa etc. Apesar de apresentarem algumas características que as diferem umas das outras, também se assemelham no que diz respeito às perturbações da linguagem e da comunicação, dificuldades em interagir com os outros e reações atípicas ao meio ambiente.

A síndrome do autismo compreende múltiplos déficits específicos após um período de funcionamento aparentemente normal durante os primeiros meses de vida. Desde o período pré-natal e perinatal até os primeiros cinco meses de vida seu desenvolvimento psicomotor se apresenta sem grandes manifestações atípicas. Após essa fase, o crescimento craniano se desacelera. Ocorre também, entre os seis e os dezoito meses de idade, uma perda das habilidades voluntárias anteriormente adquiridas das mãos, com apresentação de movimentos estereotipados característicos, que se assemelham a torcer ou lavar as mãos. Há uma espécie de "sorriso social", em que a criança para ou "através" das pessoas, não interagindo com elas. Aparecem problemas na coordenação da marcha ou movimentos do tronco. Existe, também, grande prejuízo no desenvolvimento da linguagem expressiva ou receptiva, associada à deficiência mental severa.

A síndrome de Rett é uma doença neurológica progressiva e permanente, semelhante à do autismo, porém é exclusiva do sexo feminino. As causas são desconhecidas, mas atribui-se a alterações do cromossomo X.

O transtorno desintegrativo da infância — TDI é semelhante à síndrome de Rett, sendo uma condição mais comum no sexo masculino (Von Tetzchner e Martinsen, 2000).

O surgimento da comunicação alternativa e ampliada (CAA) data de 1950. Nos Estados Unidos, contudo, apenas em fins da década de 1970 é que sua legitimidade como método de comunicação começou a ser considerada, devido ao aumento de movimentos visando a inclusão de portadores de deficiência, compreendendo aí os incapazes de usar linguagem oral, tanto em ambientes educacionais quanto comunitários. Isto abriu espaço para tal legitimação, bem como da legislação americana, que tornou obrigatória a educação gratuita para todas as crianças, independentemente da presença ou não de deficiências.

O Brasil é possuidor de uma vasta, rica e bem elaborada legislação que garante os direitos de pessoas com necessidades educacionais especiais, embora saibamos que muitas vezes estas não são colocadas em prática, devido às barreiras atitudinais. O entrave maior é que não existe e é impossível criar a lei mais importante, que acabaria com todos os tipos de preconceitos, que é a que nos obrigaria a gostar de todas as pessoas, sem distinção ou condição de nenhuma espécie (Glat, 1998). Afinal, se a imposição garantisse a aceitação do outro, não haveria nenhuma pessoa excluída, pois a legislação que rege a educação em geral faria valer tais regimentos. A aceitação é uma conquista que pode se dar por meio da desmistificação, do desvendamento do até então desconhecido, por meio da busca de cooperação, da sedução ou da apresentação de atividades práticas bem-sucedidas.

Johnson, Baumgart, Helmstetter e Curry (1996) afirmam que quando os professores ouvem os estudantes e lhes respondem com uma atitude comunicativa, ambos modificam seus comportamentos. Discutem também a importância de a escola preparar-se, planejando em equipe o trabalho que será desenvolvido e oferecido a alunos que apresentam comprometimentos severos de linguagem, bem como a importância de que este trabalho seja feito com o auxílio do aluno em questão. Segundo os autores, ter uma criança com necessidades educacionais especiais na sala de aula é uma oportunidade para o professor e os estudantes aprenderem juntos. Gray (1997) destaca a importância da formação de professores e pedagogos na área de CAA, bem como da divulgação da existência dos diversos sistemas de comunicação e de estudos, que versem sobre o tema para profissionais e familiares de pessoas com prejuízos na comunicação devido a inaptidões de linguagem, no sentido de melhor atendê-las.

Carvalho (2000) nos diz que não devemos tomar as barreiras físicas e atitudinais com pessimismo ou fuga. Ao contrário, elas devem servir como um convite à luta com a parceria de todos.

A conquista de parceria deve estender-se essencialmente aos pais e aos responsáveis, já que o aluno não se comunica apenas em sala de aula. É de fundamental importância que ele possa interagir no ambiente familiar e nas diversas comunidades das quais faça parte, sejam elas religiosas, de lazer ou profissionais.

Sturm (1998) ressalta a importância de matricular em escolas regulares, o mais precocemente possível, pessoas que apresentem distúrbios de linguagem que comprometam sua comunicação. Contudo, é essencial que sejam oferecidos a essas escolas recursos humanos e materiais para o desenvolvimento da CAA adequados à faixa etária e aos comprometimentos que o aluno apresente.

Frente a esta realidade é que nós, educadores, devemos, a todo momento e em qualquer espaço, sensibilizar as pessoas que, temporariamente, apresentem-se sem necessidades educacionais especiais, no sentido de promover a melhoria da qualidade de vida daqueles que necessitam de sistemas de comunicação, compreendendo-os, bem como atendendo às suas expectativas, visando principalmente sua total inclusão social e propiciando-lhe o exercício participativo de sua cidadania.

Parafraseando Santos (2005: 9), gostaríamos de finalizar este capítulo afirmando que:

> [...] a inclusão não é uma ameaça, nem menos uma mera questão de terminologia. Ela é uma expressão lingüística e física de um processo histórico que não se iniciou e nem terminará hoje. Na verdade, a inclusão não tem fim, se entendida dentro deste enfoque dinâmico, processual e sistêmico que procuramos levantar neste artigo. Até porque, na medida em que o mundo se move em seu curso histórico e as regras e convenções vão sendo revistas e modificadas, novos tipos de excluídos poderão sempre aparecer. Cabe, portanto, aos que possuem consciência a este respeito, manter este estado constante de vigília, para que a luta por um mundo cada vez mais justo e democrático jamais esmoreça.

Bibliografia

BAUMAN, Z. *Globalização — as conseqüências humanas*. Rio de Janeiro: Jorge Zahar, 1998.

BRASIL. *Constituição da República Federativa do Brasil de 1988*. São Paulo: Saraiva, 1998.

_____. *Política Nacional para a Integração da Pessoa Portadora de Deficiência — PNIPD*. Brasília: Ministério da Educação e do Desporto, 1989.

_____. *Política Nacional de Educação Especial — PNEE*: Um direito assegurado — Livro 01. Brasília: Ministério da Educação e do Desporto, 1994.

BUENO, F. S. *Dicionário escolar da língua portuguesa*. Brasília: FAE, 1995.

CASTEL, R. *A metamorfose da questão social*. Petrópolis: Vozes, 1998.

CASTEL, R.; WANDERLEY, L. E.; BELFIORE WANDERLEY, M. *Desigualdade e a questão social*. São Paulo: Educ, 1997.

CASTORIADIS, C. A idéia de revolução. In: _____. *Encruzilhadas do labirinto/3*. Rio de Janeiro: Paz e Terra, 1992.

CARVALHO, R. E. *Removendo barreiras para a aprendizagem: Educação Inclusiva*. Porto Alegre: Mediação, 2000.

DUPAS, G. *Economia global e exclusão social: Pobreza, emprego, estado e futuro do capitalismo*. Rio de Janeiro: Paz e Terra, 1999.

FERREIRA, A. B. H. *Minidicionário da língua portuguesa*. Rio de Janeiro: Nova Fronteira, 1988.

FISCHINGER, R. S. *Paralisia cerebral*. 3. ed. São Paulo: Panamed, 1984.

GLAT, R. *A integração social dos portadores de deficiências*: Uma reflexão. Rio de Janeiro: Sete Letras, 1995 (Questões Atuais De Educação Especial, v. 1).

GENTILI, P. (Org.). *Pedagogia da exclusão*: Crítica ao neoliberalismo em educação. Petrópolis: Vozes, 1995.

GÓMEZ, J. M. *Política e democracia em tempos de globalização*. Petrópolis: Vozes, 2000.

GRAY, S. AAC in educational setting. In: GLENNEN, S. L. & DECOSTE, D. C. *Handbook of augmentative and alternative communication*. Londres: Singular Publishing Group, Inc., 1997.

HIRSCHMAN, A. *A retórica da intransigência*: Perversidade, futilidade, ameaça. São Paulo: Companhia das Letras, 1992.

JOHNSON, J. M.; BAUMGART, D.; HELMSTETTER, E. & CURRY, C. A. *Augmentating basic communication in natural contexts*. Baltimore: Paul H. Brookes Publishing Co., 1996.

MOTA, M. B. & BRAICK, P. R. *História*: Das cavernas ao terceiro milênio. São Paulo: Moderna, 1998.

NUNES, L. R. O. P. (Org.). *Favorecendo o desenvolvimento da comunicação em crianças e jovens com necessidades educacionais especiais*. Rio de Janeiro: Dunya, 2003.

RODRIGUES, A. T. *Sociologia da educação*. Rio de Janeiro: DP&A, 2000.

SANTOS, M. P. *A inclusão da criança com necessidades educacionais especiais*. Disponível em: <http://www.educacaoonline.pro.br/art_a_inclusao_da_crianca.asp> Acesso em: 5/8/2005.

SNOW, D. & ANDERSON, L. *Desafortunados*: Um estudo sobre o povo da rua. Trad. de. Vasconcelos. Petrópolis: Vozes, 1998.

STURM, J. Literacy development of AAC users. In: BEUKELMAN, D. R. & MIRENDA, P. *Augmentative and alternative communication — Management of Severe Communication Disorders in Children and Adults*, 1998.

TELLES, V. S. *Direitos sociais*: Afinal do que se trata? Belo Horizonte: UFMG, 1999.

THERBORN, G. Dimensões da globalização e a dinâmica das (des)igualdades. GENTILI P. (Org.). In: *Globalização excludente*. Petrópolis, Vozes: 1999.

VON TETZCHNER, S. & MARTINSEN, H. *Introdução à comunicação aumentativa e alternativa*. Portugal: Porto, 2000.

Posfácio

Rosita Edler Carvalho

Além da enorme satisfação de constar desse livro, quero registrar minha gratidão aos autores e, em especial à professora Mônica Pereira dos Santos, pela importante contribuição que oferecem sobre o emblemático e polêmico tema da educação inclusiva.

Muitos profissionais interessados têm escrito sobre o assunto, enriquecendo o acervo dos saberes e práticas que valorizam a universalização da educação em espaços escolares prazerosos e de boa qualidade, nos quais toda a comunidade de aprendizagem que é a escola busca remover barreiras para a aprendizagem e para a participação de todos, com todos e por toda a vida.

Nossos alunos de cursos superiores, também têm contribuído com suas reflexões a respeito, produzindo textos como monografias, dissertações de mestrado e teses de doutoramento. Geralmente seus escritos permanecem "silenciosos" pela pouca divulgação pública das mensagens que contêm. Restritos aos cursos que estimularam sua produção, nem sempre são do conhecimento de todos os colegas das diferentes séries e, tampouco, de todos os professores. Assim, uma bagagem enorme de conhecimentos fica aprisionada nas páginas dos trabalhos, arrumados nas estantes por hábeis bibliotecárias, visitados ocasionalmente.

A iniciativa da professora Mônica, somada à de algumas outras educadoras, com visão política e social da produção acadêmica, permite-nos adentrar na academia, desmistificando sua imagem como um castelo de difícil acesso à maioria da população de países pobres como o nosso. Com este livro podemos entrar na academia por uma porta curiosa, pois que dela se destaca, na medida em que sai de suas paredes e chega até nós, sob a forma de um livro: este.

Estou me referindo a um livro especial, por sua concepção, pelo que contém, e porque nos oferece textos de temas atuais e instigantes, produzidos por alunos, sob a eficiente orientação de sua organizadora. O trabalho é fruto de construções coletivas, marcadas pela análise crítica, tendo como objetivo desencadear reflexões e, em alguns dos textos, a necessidade de dialogar com seus autores. Foi o que senti, muitas vezes, ao longo da agradável leitura. Imagino que esta experiência deve ter sido experimentada pelos demais leitores.

Digna de nota e de exemplo é o movimento da professora Mônica ao valorizar e divulgar a produção de seus alunos, numa moldura de pesquisa. Este é outro atributo desta obra: evidenciar a pesquisa como fonte inesgotável de produção de conhecimentos e de associação entre teoria e prática. Aquela embasando as ações que, colocadas em curso e criteriosamente analisadas, funciona como alavanca para o aprimoramento dos saberes e das práticas em curso levando, necessariamente, à produção de novos saberes. E estes servindo como patamar para outros estudos e pesquisas, geradores de investigações que, numa verdadeira espiral de conhecimentos, nos remete ao eterno vir-a-ser, sem começo nem fim, num verdadeiro processo interminável.

Assim é a inclusão. Seja na sociedade, no mundo do trabalho, na família, na escola... Trata-se de um processo que, como diz a professora Mônica, não se ensina: vive-se.

Vivi as experiências narradas nos textos, revi conceitos, problematizei algumas questões, senti vontade de sentar-me com os colegas e, com eles, seguir aprendendo por meio de diálogos e mais leituras.

Estou realmente grata e quero, neste posfácio, registrar esse sentimento.

E caso alguém, ao folhear este livro, leia meus escritos antes de ler o texto, sugiro que volte às páginas iniciais sem perda de tempo. Experimentarão momentos de intensa reflexão e de muita aprendizagem.